위대한 부흥의 불꽃, 이스라엘의 사사들

제2권 끝까지 헌신한 사람들

위대한 부흥의 불씨, 이스라엘의 사사들
제2권 끝까지 헌신한 사람들

글쓴이 김서택
펴낸이 정애주

출판제작국
편집팀 송승호 한미영 김기민 김준표 오은숙 정한나
디자인팀 김진성 송하현
제작팀 윤태웅 유진실 임승철
사업총괄본부
마케팅팀 차길환 국효숙 박상신 오형탁 송민영
경영지원팀 오민택 마명진 윤진숙

펴낸날 2001. 9. 20. 초판 발행
       2012. 8. 8. 6쇄 발행

펴낸곳 주식회사 홍성사
1977. 8. 1. 등록 / 제 1-499호
121-897 서울시 마포구 합정동 369-43
TEL. 02) 333-5161 FAX. 02) 333-5165
http://www.hsbooks.com   E-mail : hsbooks@hsbooks.com

ⓒ 김서택, 2001

ISBN 978-89-365-0612-4
값 8,900원   ※잘못된 책은 바꿔드립니다.

위대한 부흥의 불꽃, 이스라엘의 사사들
제2권 끝까지 헌신한 사람들

김서택 지음

홍성사

위대한 부흥의 불꽃, 이스라엘의 사사들
제2권 끝까지 헌신한 사람들

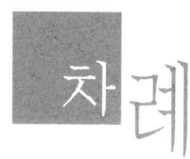

1. **고통의 때에 찾아오신 하나님** 6:1-13　7
   이스라엘 백성의 증세●하나님의 진단●하나님의 준비

2. **하나님의 부르심과 기드온의 첫 임무** 6:14-27　32
   하나님의 부르심●기드온의 예물에 대한 응답●기드온의 첫 임무

3. **하나님의 함께하심을 보여 주는 표적** 6:28-40　56
   성읍 사람들의 난동과 생각지 못한 도움●기드온과 함께한 사람들●하나님의 함께하심을 보여 주는 표적

4. **기드온의 전쟁 준비** 7:1-14　81
   하나님이 개입하시는 전쟁●두려워 떠는 자는 길르앗을 떠나라●무릎을 꿇고 마신 자와 손으로 마신 자●하나님이 주시는 확신

5. **기드온의 전쟁** 7:15-25　108
   기드온의 확신●기드온 군대의 무장●미디안 군대가 무너지다

6. 끝까지 헌신한 사람들 8:1-21 133
에브라임 지파의 불평 ● 요단 동편 사람들의 무관심 ●
전쟁을 끝내다

7. 기드온의 정치철학과 종교적 실패 8:22-35 159
기드온의 정치철학 ● 종교적 실패 ● 기드온의 사생활

8. 아비멜렉의 반란과 요담의 책망 9:1-21 182
무엇이 이 반란을 가져왔는가? ● 이 반란의 의미 ● 요담의 책망

9. 하나님의 조용한 심판 9:22-57 203
아비멜렉의 정치 ● 세겜 사람들이 더 심하게 나가다 ●
지나친 복수와 하나님의 심판

부록 ● 차례에 따른 성경본문 229

1
고통의 때에 찾아오신 하나님

> ……이스라엘 자손이 미디안을 인하여 여호와께 부르짖은 고로 여호와께서 이스라엘 자손에게 한 선지자를 보내사……
>
> 사사기 6:1 - 13

    몸에 심한 통증이 있어서 병원을 찾아가면, 의사는 바로 그 통증부터 제거하지 않습니다. 그 대신 오랜 시간에 걸쳐 그 통증의 원인을 찾으려고 애를 씁니다. 그럴 때, 나타나는 증세는 많고 복잡해도 병의 원인은 단 하나인 경우가 많습니다. 그 원인을 정확하게 찾아서 집중적으로 치료하면, 놀랍게도 그 모든 복잡한 증세들이 한꺼번에 사라지는 것을 보게 됩니다. 환자 입장에서 보면 그야말로 기적이 아닐 수 없습니다. 그러나 원인을 찾지 못하면, 애는 애대로 쓰고 병은 병대로 낫지 않는 어려운 상황이 되어 버립니다.

    우리는 사사기 6장에서 이스라엘 백성들이 바로 그런 상태에 있었던 것을 알게 됩니다. 6장 서두에는 이스라엘 백성들에게 나타난 증세들이 자세히 기록되어 있습니다. 그들은 거의 눈 뜨고 볼 수 없을 정도로 만신창이가 되어 있었습니다. 환자로 친다면 목숨만 간신히 붙어 있을 뿐 전혀 거동하지 못하는 중환자나 다름없었습니다. 그럼에도 불구하고 그들에게는 이런 어려움을 해결할 수 있는 대안이 없었습니다. 그들도 그들 나름대로 이런저런 방법들을 써 보지 않은 것이 아닙니다. 여러 방법을 동원해 보았지만 아무 소용이 없었습니다.

마침내 그들은 효과를 기대하지 않으면서도 마지막 한 가지 방법을 써 보기로 했습니다. 그것은 하나님께 부르짖는 것이었습니다. 그 부르짖음은 제대로 된 기도도 아니었습니다. "만일 하나님이 계신다면 제발 우리를 도와주십시오" 하는 식으로 무턱대고 부르짖는 것에 불과했습니다. 그런데 놀랍게도 이 부르짖음에 반응이 있었습니다. 그 반응이 무엇입니까? 하나님의 선지자가 찾아와서 그들의 병을 진단하기 시작한 것입니다.

바로 이것입니다. 하나님은 부르짖는 자들의 어려움부터 해결해 주시지 않습니다. 무엇보다 먼저 말씀을 듣게 하심으로써 자신의 문제를 보게 하십니다. 그렇게 하지 않으면 같은 문제에 반복해서 빠질 수밖에 없기 때문입니다. 그리고 난 후에 하나님은 그들을 치료하기 시작하십니다. 어떻게 치료하십니까? 말씀으로 준비된 사람을 통해 아무리 현실이 어렵다 해도 하나님은 여전히 살아 계시다는 것을 한없이 체험하게 하십니다.

　오늘 우리 사회는 중병에 걸린 환자와 같습니다. 물론 IMF시대를 맞이하면서 무엇보다 경제가 대단히 어려워졌지만, 그렇다고 경제만 어려운 것은 아닙니다. 우리나라는 어느 곳 하나 성한 데가 없을 정도로 썩어 있고 부패해 있습니다. 정치, 교육, 국방, 사회, 종교, 그 어느 곳 하나 깊이 병들지 않은 데가 없습니다. 무엇보다 답답한 것은 여기에 도무지 해결의 실마리가 보이지 않는다는 것입니다.

　이런 상황에서 이스라엘 백성들은 어떻게 했습니까? 하나님께 부르짖었습니다. 오늘 이 어려운 상황에서 우리가 살 수 있는 유일한 길 또한 하나님께 부르짖는 것입니다. 그러면 하나님이 반응하실 것입니다. 하나님이 기뻐하시는 자가 누구입니까? 어려움이 왔을 때 모든 손해를 무릅쓰고 바른 신앙으로 돌아오는 자입니다. 하나님은 그 사람을 어려움으로부터 놀랍게 구원해 주실 것입니다. 그러나 미련하게 고집을 부리는 자는 갈 데까지 가게 되어 있습니다. 실마리가 풀릴 듯하다가도 다시 꼬이면서, 결국 망할 때까지 가게 되어 있습니다.

이스라엘 백성의 증세

　기드온 당시 이스라엘 백성들의 증세는 어떠했습니까? "이스라엘 자손이 또 여호와의 목전에 악을 행하였으므로 여호와께서 7년 동안 그들을 미디안의 손에 붙이시니 미디안의 손이 이스라엘을 이긴지라. 이스라엘 자손이 미디안을 인하여 산에서 구멍과 굴과 산성을 자기를 위하여 만들었으며"(6:1-2).

성경은 이스라엘 백성들이 "또 여호와의 목전에 악을 행하였으므로"라고 말씀하고 있습니다. 그러나 그들은 그것을 몰랐습니다. 그들의 눈에는 오직 미디안의 압제만 보였을 뿐입니다. 하나님께서는 그들이 7년 동안 미디안에게 압제와 약탈을 당하도록 내버려 두셨습니다. 그래서 그들은 모든 면에서 심한 어려움과 궁핍을 겪어야 했습니다. 그들은 산 위에 토굴이나 임시 숙소를 만들어 놓고 피난민 생활을 했습니다. 평지에서 미디안 사람들에게 자꾸 밀려나다 보니 결국 산 위밖에는 갈 곳이 없었기 때문입니다. 사람들이 대개 어떻게 해서 달동네까지 가게 됩니까? 처음에는 다른 사람들처럼 평지에서 삽니다. 그런데 월세나 전세가 오를 때마다 집을 줄이고 줄이다 보면 결국 산꼭대기까지 가게 되는 것이지요.

요즘 세대 사람들은 피난민 생활을 해 본 적이 없지만, 한국전쟁을 겪은 분들은 아마 피난민 생활에 대해 할 말이 많을 것입니다. 전에 제가 만난 한 분도 전쟁 때 개성에서 부산까지 걸어갔다고 합니다. 그 당시 부산은 온 산이 피난민촌이었습니다. 사람들이 판자나 천막 천으로 비나 해를 겨우 가릴 정도로 만든 임시 거처들이 산꼭대기까지 빼곡히 들어차 있었습니다. 화장실도 공중화장실 하나뿐이고, 물도 공동 수도나 우물에서 물지게나 물통으로 일일이

날라서 마셔야 했습니다. 여자들이 눈앞에 흘러내리는 물을 닦으면서 물통을 이고 나르는 모습이나 아이들을 주루룩 세워 놓고 디디티를 뿌려 이를 잡는 모습은 그 당시에 흔히 볼 수 있는 광경이었습니다. 그때는 미군 군복 물들인 것이 최고의 옷이었고, 군화가 최고의 신발이었습니다.

그러나 그런 피난민촌에 사는 사람들은 그래도 행복한 편이었습니다. 낮에는 국군, 밤에는 공비들이 출몰하는 곳에 살던 남자들은 스스로 땅굴을 파거나 산 속에 있는 굴을 찾아서 숨어 지내야 했습니다. 저도 등산을 하다가 임진왜란 때 동네 사람들이 숨어 살았다는 커다란 동굴을 본 적이 있습니다. 이처럼 피난민 생활이란 말이 사는 것이지 실제로는 목숨 하나 겨우 붙어 있는 것과 같습니다.

이스라엘 백성들의 상황이 바로 그러했습니다. 미디안 사람들이 얼마나 자주 쳐들어왔던지 그들은 아예 산 위로 도망쳐 굴과 구덩이를 파거나 성을 만들어 숨어 살아야만 했습니다. 2절에 "산성"이라고 나와 있는 것은 사실 제대로 된 성이 아닙니다. 돌 몇 개를 성 비슷하게 대충 쌓아 놓은 것일 뿐입니다. 그 산성은 그들을 제대로 보호해 줄 수 없었습니다.

또한 그들은 농사도 지을 수 없었습니다. "이스라엘이 파종한 때면 미디안 사람, 아말렉 사람, 동방 사람이 치러 올라와서 진을 치고 가사에 이르도록 토지 소산을 멸하여 이스라엘 가운데 식물을 남겨 두지 아니하며 양이나 소나 나귀도 남기지 아니하니 이는 그들이 그 짐승과 장막을 가지고 올라와서 메뚜기 떼같이 들어오니 그 사람과 약대가 무수함이라. 그들이 그 땅에 들어와 멸하려 하니" (6:3-5). 아무리 상황이 어려워도 농사만 지을 수 있으면 어찌어찌 살 수 있습니다. 그러나 미디안 사람들은 이스라엘 백성들이 씨 뿌리는 것조차 용납하지 않았습니다. 씨 뿌리는 계절만 되면 다른 부족들까지 몰고 올라와서 아예 진을 치고 씨를 뿌리지 못하게 방해했어요. 그들의 의도가 무엇입니까? 이스라엘은 이 가나안 땅에서 꺼지라는 것입니다. 요즘은 재산의 정도를 동산이나 부동산으로 나타내지만 그 당시에는 양이나 소나 나귀의 수로 나타냈습니다. 이스라엘 백성들에게 양이나 소나 나귀가 남지 않았다는 것은 재산을 전부 잃었다는 뜻입니다.

이처럼 이스라엘 백성은 미디안에게 밀리고 밀려서 산꼭대기에 굴을 파고 겨우 목숨만 부지하고 있는 상태였습니다. 이제 거의 아무것도 남지 않았습니다. 더 이상 밀려날 데도, 갈 곳도, 먹을 것도 없었습니다. 그런데 문제는 이렇게 만신창이가 되었는데도 도무지 길이 보이지 않는다는 것이었습니다. 아마 그들은 자기들이 생각할 수 있는 모든 방법을 동원해 보았을 것입니다. 미디안과 협상을 시도해 보기도 하고, 다른 부족들에게 도움을 요청해 보기도 하고, 자기들끼리 수없이 회의에 회의를 거듭해 보기도 했을 것입니다. 그러나 아무리 회의를 해도 대책이 없었습니다. 자신들은 분명히 만신창이인데 고침을 받을 수 있는 길이 전혀 없었습니다.

그때 그들이 한 일이 무엇입니까? 별로 효과가 있을 것 같지는 않지만, 그래도 최후로 하나님께 부르짖어 보기로 한 것입니다. "이스라엘이 미디안을 인하여 미약함이 심한지라. 이에 이스라엘 자손이 여호와께 부르짖었더라"(6:6). "미약함이 심한지라"라는 것은 그들 자신의 힘으로는 도저히 일어설 수 없는 형편까지 갔다는 뜻입니다. 그들은 마치 중환자처럼 누군가 일으켜 주지 않으면 도저히 일어날 수가 없는 상태가 되었습니다. 그들은 마침내 마지막 수단으로 하나님께 부르짖었습니다. 함께 모여서 기도하는 시간을 가졌습니다. 그랬더니 무언가 반응이 나타나기 시작했습니다.

하나님의 진단

그 반응이 무엇입니까? "이스라엘 자손이 미디안을 인하여 여호와께 부르짖은 고로 여호와께서 이스라엘 자손에게 한 선지자를 보내사 그들에게 이르되 '이스라엘 하나님 여호와의 말씀에 내가 너희를 애굽에서 인도하여 내며 너희를 그 종 되었던 집에서 나오게 하여'"(6:7-8).

지금 이스라엘에게 필요한 것은 한 끼의 양식이고 한 자루의 칼입니다. 그들을 미디안의 압제에서 건져 줄 수 있는 군사들입니다. 그러나 하나님께서는 그런 것들을 주시지 않았습니다. 그 대신 한 이름 없는 선지자를 보내 이스라엘의 문제를 진단하기 시작하셨습니다. 그 이유가 무엇입니까? 진단이 없는 치료는 치료가 아니기 때문입니다. 그것은 기만이며 사기 행위입니다. 제대로 진단하지 않은 치료는 반드시 병을 재발시키며, 그렇게 재발된 병은 다시 치료되기 어렵습니다. 그동안 우리는 진단 없는 치료를 많이 받았고 진단 없는 축복을 많이 들었습니다. 그러나 그것은 임시방편에 불과합니다. 병은 반드시 재발하게 되어 있습니다. 진단 없이 치료하는 것은 환자를 죽게 내버려 두는 짓이나 다름없습니다.

하나님은 한 선지자를 보내 이스라엘 백성들의 죄를 책망하셨습니다. 우리는 그 선지자가 누구였는지 알 수 없습니다. 그는 이름 없는 선지자였습니다. 그러나 이스라엘 백성들은 그가 전하는 말씀을 들었을 때 무언가 다르다는 것을 느꼈습니다. 무엇이 다릅니까? 하나님의 말씀에는 권세가 있습니다. 그것은 그냥 듣고 넘길 수 있는 말이 아니라 나에게 너무나도 생생하게 적용되는 말입니다. 마치 나 들으라고 하는 말 같습니다. 나를 너무나 잘 아는 사람이 나를 꿰뚫어 보면서 하는 말 같습니다.

하나님께서는 이스라엘 백성들이 이렇게 고난 가운데 죽어 가고 있는데도 칼을 주거나 돈을 주지 않으셨습니다. 이럴 때 칼이나 돈을 주는 것은 그들을 죽이는 것입니다. 이럴 때 무작정 도와주면 안 돼요. 먼저 진단을 내려야 합니다. 무엇이 문제인지, 그들이 오늘까지 어떤 식으로 살아왔는지, 말로는 믿는다고 하지만 실상 머릿속에는 무엇이 들어 있는지 끄집어내야 합니다. 그래서 하나님께서는 그들에게 이름도 없는 선지자를 보내어 말씀을 주신 것입니다.

그렇다면 하나님께서 이 선지자를 통해 이스라엘 백성들에게 주신 말씀은 구체적으로 어떤 것입니까? "여호와께서 이스라엘 자손에게 한 선지자를 보내사 그들에게 이르되 '이스라엘 하나님 여호와의 말씀에 내가 너희를 애굽에서 인도하여 내며 너희를 그 종 되었던 집에서 나오게 하여 애굽 사람의 손과 너희를 학대하는 모든 자의 손에서 너희를 건져 내고 그들을 너희 앞에서 쫓아내고 그 땅을 너희에게 주었으며 내가 또 너희에게 이르기를 나는 너희 하나님 여호와니 너희의 거하는 아모리 사람의 땅의 신들을 두려워 말라 하였으나 너희가 내 목소리를 청종치 아니하였느니라 하셨다' 하니라"(6:8-10).

선지자의 말은 길지만 핵심은 한 가지입니다. 무엇입니까? 이스라엘 백성들은 출애굽의 신앙을 버렸으며, 그것이야말로 이 극심한 어려움의 원인이라는 것입니다. 우리는 선지자의 진단이 도무지 이해가 되지 않습니다. 애굽 땅을 떠난 지가 몇 년입니까? 벌써 100년도 넘었습니다. 그런데 그 오래 전의 신앙을 버렸다고 해서 지금 이렇게 많은 어려움이 생긴다는 것이 말이 됩니까? 그러나 그것이야말로 정확한 원인이었습니다. 열심히 일하지 않았거나 무기를 모아 놓지 않았기 때문에 이런 어려움이 생긴 게 아니에요. 출애굽의 신앙을 버렸기 때문에 이 모든 어려움이 생긴 것입니다.

이스라엘 백성들이 존재하는 근거는 출애굽에 있었습니다. 그들이 애굽에서 나와 가나안에 들어간 것은 가나안을 가득 채우고 있는 죄와 싸우기 위해서였습니다. 하나님이 아니면서도 하나님 행세를 하는 모든 우상을 몰아내고 음란과 도적질과 살인을 몰아내는 것이 그들의 사명이었어요. 우리는 하나님께서 왜 굳이 가나안 사람들을 몰아내라고 하셨는지 잘 이해하지 못합니다. 왜 이웃과 잘 지내라고 하지 않고 오히려 몰아내라고 하시는 것입니까? 가나안 사람들은 평범한 이웃이 아니었기 때문입니다. 가나안의 남자들은 무당이었습니다. 여자들은 창녀였습니다. 하나님은 이 무당과 창녀들을 몰아내고 깨끗한 새 사회를 건설할 것을 자기 백성들에게 요구하셨습니다.

그러나 그들은 먹고 사는 문제에 덜컥 걸려 버렸습니다. 그들은 대대로 목축업자로 살아왔지만, 가나안 땅에 들어오면서부터는 농사를 지어야 했습니다. 그들은 농사짓는 법을 몰랐습니다. 그런데 가나안 사람들은 농사 전문가들이었습니다. 먹고 사는 것이 우선 급하다고 생각한 이스라엘 백성들은 가나안 사람들을 몰아내는 대신 그들의 도움을 받았습니다. 그 결과가 무엇입니까? 이스라엘의 남자들은 무당이 되고 여자들은 창녀가 된 것입니다.

예를 들어 우리나라 사람들이 외국으로 이민 가는 주된 이유는 자녀 교육에 있습니다. 그러나 일단 이민 간 후에 절실하게 다가오는 문제는 당장 먹고 사는 것입니다. 그래서 부모가 주야로 열심히 돈을 버는 동안, 교포 2세들은 그곳의 타락한 문화에 빠지는 경우가 많습니다.

 하나님께서 이스라엘 백성들을 애굽에서 이끌어 내서 가나안 땅에 살게 하신 것은, 그들을 통해 하나님 자신을 온 세상에 나타내시기 위해서였습니다. 그러나 이스라엘 백성들은 바로 이 출애굽의 정신을 잃어버리고 말았습니다. 이처럼 자기들이 도대체 무엇 때문에 존재하는지 모르고 살아온 이것이 지금의 엄청난 고통을 불러온 것입니다.

 인간은 하나님을 모르기 때문에 멸망합니다. 그러나 타락한 인간의 이성으로는 하나님을 알 수가 없습니다. 그래서 하나님은 한 구체적인 백성을 애굽에서 이끌어 낸 후 그들에게 자신을 온전히 나타내 보이고 그들로 하여금 온전히 반응하게 하심으로써, 하나님 자신을 온 세상에 나타내시며 온 세상으로 하여금 하나님의 은혜를 받고 하나님을 바로 알아 죄에서 떠나게 하고자 하셨습니다.

 그런데 문제가 무엇입니까? 이스라엘 백성들 역시 전사가 아니라 죄인이라는 것입니다. 자기도 죄인이면서 하나님을 나타내려니 얼마나 어렵습니까? 죄인이 다른 죄인을 가르쳐서 바른 삶을 살게 해야 한다고 생각해 보십시오. 자기 앞가림도 제대로 못하는 주제에 어떻게 다른 사람에게 똑바로 살라고 가르칠 수 있겠습니까? 마음속은 자기들도 가나안 족속과 똑같아요. 자기들도 그들과 똑같이 죄를 짓고 싶어합니다. 그럼에도 불구하고 그들을 심판하고 쫓아내려니까 괴로운 것입니다.

수년 전에 한 지방에서 대학생 수련회가 있었는데, 그 기간 중 하루를 택해 '음란한 영화와 비디오테이프를 몰아내자'는 가두행진을 벌였습니다. 그때 어떤 아주머니가 지나가면서 하는 말이 "너희는 안 보냐?"는 것입니다. 이것이 문제입니다. 그리스도인 청년들은 천사가 아닙니다. 자기도 음란한 영화를 본 적이 있으면서 "음란한 영화 물러가라!"고 외쳐야 할 때 그 마음이 편하겠습니까? 물론 성령 충만할 때는 그런 영화를 보지 않지요. 그러나 그런 상태가 오래 지속되지 못한다는 것이 고민입니다. 한번 상태가 나빠지면 걷잡을 수 없이 무너집니다. 그러면 예전에 은혜 받고 울면서 간증했던 것이 부끄럽게 느껴지면서, 이런 갈등을 없애기 위해 아예 하나님으로부터 멀어지게 되기가 쉽습니다.

저 같은 목사의 갈등은 자신도 똑같은 죄인이면서, 자신도 자신이 설교한 대로 다 못 살면서 계속 죄를 지적해야 하고 말씀을 전해야 한다는 것입니다. 이것이 얼마나 괴로운 일인지 모릅니다. 그러니까 어느 순간부터 죄를 지적하지 않습니다. 피차 괴로운 짓 하지 말자는 거예요.

우리나라의 위기는 결코 경제적인 어려움에서 온 것이 아닙니다. 우리나라의 위기는 죄의식이 없어진 데서 온 것입니다. 죄를 짓다가 발각당해도 부끄러워하지 않습니다. 음란하고 부끄러운 짓을 하다가 들켜도 수치스러워하지 않습니다. 사람들에게는 하나님을 두려워하는 마음이 없습니다. 아무도 하나님을 겁내지 않습니다. 왜 그렇습니까? 하나님의 백성들부터 하나님을 두려워하지 않기 때문입니다. 예수 믿는 사람들부터가 하나님보다는 돈 많은 자들이나 권력 가진 자들을 두려워하는 거예요. 그러니까 세상 사람들은 아예 드러내 놓고 죄를 짓고 죄를 자랑하게 된 것입니다.

부끄럽게도 오늘날 우리 사회의 위기는 교회에서부터 시작되었다고 진단하지 않을 수 없습니다. 목회자들 중 얼마나 많은 사람이 하나님을 두려워합니까? 장로나 집사 중에 얼마나 많은 사람이 하나님을 두려워합니까? 청년들 가운데 얼마나 많은 사람이 하나님을 두려워합니까? 믿는 사람들부터 이 모양이니까 세상 사람들의 머릿속에 하나님이라는 존재가 들어가 있을 리가 없는 것입니다.

교회는 죄와 싸우는 곳이고 죄를 치료하는 곳입니다. 그런데 어느 순간부터 세상과 신사협정을 맺어서 피차간에 죄 이야기를 하지 않게 되었습니다. 서로 괴로운 짓 하지 말자는 것입니다. 교회는 죄에 대한 경고와 지적을 아예 없애 버렸습니다. 나도 말씀대로 살지 못하면서 어떻게 다른 사람들의 죄를 지적하겠느냐는 거예요.

이것은 이스라엘 백성들의 문제이기도 했습니다. 하나님은 자기 백성들이 가나안에서 끊임없이 고민하고 갈등하기를 원하셨습니다. 그들은 완전한 의인이 아닙니다. 그들도 하나님 말씀대로 다 살지 못합니다. 그럼에도 불구하고 끊임없이 세상의 죄를 지적하고 세상의 죄와 싸우라는 것입니다. 그들도 죄인이지만 그래도 죄와 싸우라는 것입니다. 하나님의 은혜는 그럴 때 지속됩니다.

그러나 이스라엘 백성들은 어느 순간부터 자신들의 감정과 생각에 너무나 정직해지기 시작했습니다. "사실 우리도 가나안 사람들과 하나도 다를 바가 없어. 우리도 이렇게 죄를 짓고 사는 형편에 가나안 사람들이 틀렸다고 끊임없이 지적하면서 그들을 몰아내는 것은 정직하지 못한 일이라구. 완전히 깨끗하게 살지도 못하면서 하나님 앞에 나아가 예배드리는 것은 아무래도 위선적인 일 같아. 나는 위선적인 종교인이 되느니 차라리 화끈한 죄인이 되겠어."

많은 사람들이 예수를 믿다가 중도에 타락하는 이유가 바로 여기에 있습니다. 가만히 보니까 다른 교인들은 다 성령 충만한데, 자기 혼자만 위선적으로 믿는 것 같습니다. 다른 교인들은 다 정직하게 신앙생활 하는 것 같은데 자기 혼자만 실컷 술 마시고 담배 피우다가 주일 되니까 예배드리러 온 것 같아요. 그럴 때 드는 생각이, 이렇게 갈등을 겪으면서 억지로 신앙생활 하느니 차라리 화끈하게 세상으로 가 버리자는 것입니다. 그러나 우리 안에 갈등이 있다는 것은 아직 우리가 살아 있다는 증거입니다. 이 갈등의 끈을 끊어 버리는 일은 마치 물 속에 잠수해 있는 사람이 공기 호스를 끊어 버리는 일과 같습니다.

오늘날 그리스도인들이 존재하는 것은 출애굽 때문입니다. 다시 말해서 우리는 이 세상에서 하나님을 나타내기 위해 존재하는 것입니다. 어떻게 하나님을 나타낼 수 있습니까? 이 세상과 다른 방식으로 사는 것을 통해 나타낼 수 있습니다.

하나님은 이스라엘 백성들에게 "아모리 사람의 땅의 신들을 두려워 말라"고 하셨습니다. 그 당시 사람들은 어느 민족이 잘사는 것은 그 민족의 신이 강하기 때문이라고 생각했습니다. 그러나 하나님은 그들이 잘산다고 해서 두려워하지 말라는 것입니다. 사람이 잘살고 못사는 것은 전부 하나님께 달려 있습니다. 잘살아도 하나님이 잘살게 하시는 것이고 못살아도 하나님이 못살게 하시는 것입니다. 하나님은 가나안 땅에 새로운 사회를 건설하고자 하셨습니다. 물론 아모리 사람들의 방식대로 살면 좀더 빨리 적응할 수 있을 것입니다. 그러나 하나님은 적응이 좀 늦더라도, 살기가 좀 힘들더라도 그것을 두려워하지 말고 그들과 다른 방식으로 살기를 바라셨습니다.

그러나 이스라엘 백성들은 결국 어떤 길을 택했습니까? 쉽게 잘사는 길을 택했습니다. 쉽게 잘살 수 있는 길이 있는데 굳이 어렵게 살 필요가 뭐가 있겠습니까? 그 결과 찾아온 것이 가나안 땅의 IMF였습니다.

이렇게 빠져 나올 수 없는 덫에 걸렸다고 생각될 때 가장 먼저 해야 할 일은 하나님의 말씀 앞으로 나아가는 것입니다. 그러면 자신이 지금까지 신앙생활을 한다고 하면서도 하나님을 두려워하는 대신 아모리 사람들의 신을 두려워하며 살았다는 사실을 깨닫게 됩니다. 세상 사람들의 기준에 매달려서 그들의 인정을 구하며, 하나님 때문에 고난받는 것을 부끄러워했다는 사실을 인정하게 됩니다. 즉 그동안 출애굽의 정신을 잃고 말았다는 것, 그 결과 자신의 삶에 하나님의 능력이 사라졌고 여러 가지 병적인 증세가 나타나게 되었다는 것을 인정하게 되는 것입니다. 이 모든 사실들을 인정할 때 어떤 일이 일어납니까? 하나님께서 그 어려움에 개입하셔서 놀라운 구원을 이루어 주십니다. 단순히 약간 도와주시는 것이 아닙니다. 제2의 출애굽이라고 할 만큼 초자연적으로 개입하십니다. 하나님은 살아 계시며 이 세상 그 어떤 것보다 크신 분임을 보여 주십니다.

하나님 백성의 비극은 먹을 것이 없는 데 있지 않습니다. 달동네에 사는 데 있지 않습니다. 하나님 백성의 비극은 자신이 누구인지를 잊어버리는 데 있습니다. 자신이 왜 이 세상에 사는지 그 존재 이유를 잃어버리는 데 있습니다. 우리는 자신의 삶이 세상 사람들이 가는 길과 달라 보일 때 두려워하고 절망하면서 스스로 패배자로 간주합니다. 나를 낮추시는 분도 하나님이시고 높이시는 분도 하나님이시라는 것을 머리로는 인정하지만, 교회 밖으로 걸음을 내딛는 그 순간부터는 인정하지 못합니다. 그러나 하나님은 아모리 사람들의 신을 두려워하지 말라고 하십니다. 이 세상 사람들과 다른 길 걷는 것을 두려워하지 말고 오히려 기뻐하며 감사하라고 하십니다.

하나님의 준비

하나님은 말씀만 하고 끝내시는 분이 아닙니다. 하나님이 말씀하셨다는 것은 우리가 모르는 가운데 놀라운 구원의 길을 준비해 놓으셨다는 뜻입니다. 그러므로 우리 귀에 하나님의 말씀이 들린다면 '내가 모르는 사이에 놀라운 구원의 길을 준비해 놓으셨구나' 하고 생각해도 됩니다. 하나님은 이중 작전을 쓰십니다. 한편으로는 말씀으로 진단하시고, 다른 한편으로는 우리가 모르는 가운데 한 길을 준비해 놓으십니다.

이번에도 하나님은 이스라엘 백성들의 죄를 진단하시는 한편, 이스라엘을 위기에서 건져 낼 한 사람을 찾아가셨습니다. "여호와의 사자가 아비에셀 사람 요아스에게 속한 오브라에 이르러 상수리나무 아래 앉으니라. 마침 요아스의 아들 기드온이 미디안 사람에게 알리지 아니하려 하여 밀을 포도주틀에서 타작하더니"(6:11).

여기에 나오는 "여호와의 사자"는 이스라엘 백성들을 애굽에서 이끌어 내신 바로 그 사자입니다. 아마도 그는 사람의 몸으로 걸어서 기드온의 집에 찾아오신 것 같습니다. 이런 비상시국에 혼자 여행한다는 것은 굉장히 위험한 일이었을 것입니다. 그러나 그는 이런 위험을 전혀 모르는 듯 혼자 걸어서 요아스의 집에 찾아왔습니다. 마치 유비가 제갈공명을 얻기 위해 삼고초려했듯이, 하나님 자신이 한 장수를 일으키기 위해 먼 길을 걸어오셨습니다.

그런데 여기에서 우리가 만나게 되는 사람은 제갈공명 같은 뛰어난 인물이 아닙니다. 오히려 비겁한 사람입니다. 그는 하나님의 사자가 찾아오셨을 때, 자기 혼자 먹을 곡식을 포도주틀에서 몰래 타작하고 있었습니다. 이스라엘의 포도주틀은 구덩이로 되어 있어서 미디안 사람들에게 들키지 않고 타작할 수 있었기 때문입니다. 우리 생각에 적어도 이스라엘을 구원할 장수라면 다른 사람 몰래 이런 짓을 하면 안 될 것 같습니다. 오히려 먹을 것이 있으면 "나한테 양식이 좀 있으니 우리 함께 먹자"고 해야 마땅하지 않습니까? 그러나 기드온은 자기 먹을 것만 몰래 챙기고 있는 소심하고 이기적인 사람처럼 보입니다.

하나님의 사자는 이런 그에게 뭐라고 말씀하셨습니까? "여호와의 사자가 기드온에게 나타나 이르되 '큰 용사여, 여호와께서 너와 함께 계시도다'"(6:12). 무슨 말입니까? 하나님은 아직 이스라엘 백성들을 버리지 않으셨으며, 기드온을 미디안 사람들과 싸우게 함으로써 그들을 건져 내시겠다는 것입니다. 그는 지금 미디안 사람이 무서워 아무도 보지 않는 곳에서 몰래 밀을 타작하고 있는 기드온에게 이 말씀을 하고 계십니다. 이것은 도저히 납득이 안 되는 일입니다. 아마 이런 말을 듣고 기가 막히지 않을 사람은 아무도 없을 것입니다. 미디안 사람 하나한테 들킬까 봐 무서워서 몰래 밀을 타작하고 있는 사람이 미디안 족속 전부를 몰아내고 이스라엘을 구원한다는 것이 있을 법이나 한 일입니까?

기드온은 이 말에 다른 대꾸는 하지도 않은 채, 하나님이 자기와 함께하시며 이스라엘과 함께하신다는 것은 말도 안 되는 소리라고 반박합니다. "기드온이 그에게 대답하되 '나의 주여, 여호와께서 우리와 함께 계시면 어찌하여 이 모든 일이 우리에게 미쳤나이까? 또 우리 열조가 일찍 우리에게 이르기를 여호와께서 우리를 애굽에서 나오게 하신 것이 아니냐 한 그 모든 이적이 어디 있나이까? 이제 여호와께서 우리를 버리사 미디안의 손에 붙이셨나이다'"(6:13).

하나님이 이스라엘과 함께하신다는 말은 사실이 아니라는 거예요. 하나님이 자신들과 함께하신다면 왜 출애굽 때의 기적이 지금은 일어나지 않느냐는 것입니다. "여호와께서 우리를 애굽에서 나오게 하신 것이 아니냐"는 것은 이스라엘 백성들에게 기적을 의미하는 말이었습니다. 왜냐하면 하나님은 기적으로 그들을 애굽에서 이끌어 내셨기 때문입니다. 그러나 지금 가나안에는 그런 기적이 일어나지 않는 것을 보면 하나님이 자신들을 내팽개치신 것이 틀림없으며, 따라서 이제 남은 일은 미디안의 손에 망하는 일밖에 없다는 것입니다.

지금 기드온은 자기를 찾아와 이야기하고 있는 이 여행자를 좋은 사람으로 생각하고 있습니다. 그는 아주 선한 사람으로서 어떻게 해서든지 자기에게 용기를 주려 하는 것처럼 보입니다. 그러나 그는 현실을 너무나 모르는 것 같습니다. 어디서 온 손님인지는 모르겠지만, 지금 이스라엘이 어느 정도로 비참한 지경에 빠져 있는지는 모르는 것 같아요. 그는 자기를 "큰 용사여"라고 부르면서 하나님이 자신과 함께하신다는 말도 안 되는 소리를 하고 있습니다.

기드온은 자기를 방문한 이 손님이 마음씨는 좋지만 물정은 모르는 사람으로서, 그저 하나의 희망사항으로 덕담을 해 준 정도로 생각하고 있습니다. 그는 자기에게 말씀하고 계시는 분이 하나님이라는 사실을 모릅니다. 그의 말씀을 그저 "요즘 살기 힘들지요? 우리 좀더 허리띠를 졸라매 봅시다. 그러다 보면 쥐구멍에도 볕들 날이 있겠지요" 하는 정도의 말로 생각하고 있어요. 그는 이스라엘이 처한 어려운 처지만 보고 하나님이 자기들을 버리셨다고 단정해 버렸습니다.

이런 기드온의 태도에서 볼 수 있는 것이 무엇입니까? 기드온은 그렇게 믿음 좋은 사람이 아니었다는 것입니다. 그럼에도 불구하고 그에게는 여느 이스라엘 백성들과 다른 점이 있었습니다. 그것이 무엇입니까? 다른 백성들은 여호와의 능력 자체를 믿지 못했습니다. "이제 보니 여호와는 가나안 땅에서 맥도 못 추네. 도대체 여호와가 다른 신과 뭐가 다르다는 거야?" 그들에게는 신앙의 뿌리가 아예 없었습니다. 그러나 기드온은 여호와의 능력을 믿었습니다. 출애굽을 믿었습니다. 기적을 믿었습니다. 다만 그 하나님이 자신들을 버리셨다고 생각했을 뿐입니다. 물론 기드온의 신앙도 그렇게 좋은 신앙은 아닙니다. 그러나 그는 하나님께 능력이 있다는 사실만큼은 믿었습니다. '하나님은 능력이 있지만 우리를 버렸다'고 생각하는 것과 '하나님은 능력이 없다'고 생각하는 것은 분명히 다릅니다.

기드온은 말씀을 믿었기 때문에 세상에서 실패한 사람이었습니다. 하나님의 기적을 믿었기 때문에 폐인이 된 사람이었습니다. 그는 말씀을 믿었지만 왜 그 말씀의 능력이 나타나지 않는지 몰라서 고민하고 방황했습니다. 이처럼 기드온은 비록 겨자씨만큼 작은 믿음이기는 했지만, 하나님의 존재와 능력은 분명히 믿고 있었습니다. 하나님은 바로 이 겨자씨만한 믿음을 가진 기드온을 큰 용사로 사용하기로 작정하셨습니다. 그 이유가 무엇입니까? 이번 전쟁은 과연 하나님이 존재하느냐 존재하지 않느냐를 결정하는 전쟁이기 때문입니다.

예수님은 제자들에게 "너희가 만일 믿음이 한 겨자씨만큼만 있으면 이 산을 명하여 여기서 저기로 옮기라 하여도 옮길 것이요"(마 17:20)라고 말씀하셨습니다. 하나님이 친히 걸어서 찾아가신 이스라엘의 용사는 겨자씨만한 믿음을 가진 사람이었습니다. 성경을 성경대로 믿고 하나님을 하나님으로 믿는 사람, 출애굽을 실제 사건으로 믿고 기적을 믿는 사람이었습니다. 물론 그는 힘이 없고 내성적이며 전쟁과 무관한 사람이었습니다. 그러나 하나님은 그것을 보시지 않았습니다.

오늘 우리에게 중요한 것은 어느 대학 무슨 과를 나왔느냐, 머리가 얼마나 좋으냐, 무슨 좋은 기술을 가지고 있느냐가 아닙니다. 하나님이 우리에게 물으시는 것은 "네가 성경을 믿느냐?"는 것입니다. "네가 나의 존재를 믿고 나의 능력을 믿느냐? 내가 오늘도 살아서 능력으로 역사할 수 있음을 믿느냐?"는 것입니다.

우리는 상황이 지금보다 더 나빠지는 것을 두려워합니다. 상황이 조금만 좋아지면 마구 들뜨다가도, 상황이 조금만 나빠지는 기미가 있으면 굉장히 불안해합니다. 그러나 겨자씨만한 믿음이 있는 사람은 그런 것을 두려워하지 않습니다. 자신에게 일어나는 모든 일이 하나님께 달려 있다는 것을 믿기 때문입니다. 그는 '나는 힘이 없지만 여호와는 하실 수 있다'는 것을 믿습니다. 그래서 두렵고 떨리지만 하나님의 뜻대로 나가 봅니다. 하나님이 기다리라고 하시면 기다리고 가라고 하시면 갑니다.

오늘 우리의 전쟁은 과연 이 시대에도 하나님이 살아 계시느냐 아니냐 하는 것입니다. 인간의 두뇌가 승리하느냐 하나님이 개입하시느냐 하는 거예요. 사람들은 복제 양 돌리를 보면서 인간 두뇌의 승리라고 합니다. 이렇게 양을 복제해 내는 세상에도 과연 하나님의 말씀을 순수하게 믿는 믿음이 통할까요? 믿음으로 공부하고 믿음으로 사업하는 것이 가능할까요? 아니면 현실을 인정하고 타협해서 남들이 사는 방식대로 안전하게 살아야 할까요?

한 가지만 더 생각해 봅시다. 지금 기드온은 기적이 사라졌다고 하는데, 왜 사라졌습니까? 하나님이 이스라엘에게 은혜를 주시는 방법이 변했기 때문입니다. 그들이 광야에 있었을 때 하나님은 하늘에서 만나를 내리고 반석에서 물을 내는 기적으로 그들을 먹이셨습니다. 그러나 가나안 땅에서는 곡식을 수확하는 정상적인 방법으로 그들을 먹이셨습니다. 이처럼 공급하시는 방법은 달라졌지만, 그의 능력에는 변함이 없었습니다.

하나님은 정상적인 방법으로도 얼마든지 이 세상에서 승리하게 하십니다. 광야에서 율법을 배우지 않고 기적으로 요단 강을 건너지 않아도, 정상적으로 학교에 다니고 회사에 다녀도, 하나님은 여전히 우리와 함께하시며 눈에 보이지 않는 방법으로 그의 살아 계심을 나타내십니다. 기도로 병이 낫는 것만 기적이 아닙니다. 정상적으로 병원에서 치료받고 낫는 것도 기적입니다. 누가 뜻하지 않게 가져다 준 돈만 하나님이 주신 것이 아니라 정상적으로 받은 월급도 하나님이 주신 것입니다.

그러나 사람들은 정상적인 방법으로 일어나는 일은 하나님의 능력에서 나온 일이 아니라고 생각합니다. 내가 똑똑해서, 내가 열심히 노력해서 얻었다고 생각해요. 광야에서 율법을 배운 것은 하나님의 은혜지만, 대학에 들어가서 공부하는 것은 내가 똑똑하기 때문입니다. 세게 기도해서 병이 나은 것은 하나님이 고치신 것이지만, 병원에 가서 고친 것은 서울대 출신 의사가 고친 것입니다. 그러다가 능력의 하나님도 잃고 출애굽의 감격도 잃는 것입니다. 오늘 우리가 살고 있는 이 정상적인 삶은 하나님이 일으키시는 기적입니다. 기적 중에서도 최고의 기적이에요. 하나님은 그분의 능력과 기적 안에서 살면서도 자기 자신의 능력을 믿는 인간들을 비웃으십니다.

그렇다면 이 정상적인 세상에서 하나님의 능력을 체험하려면 어떻게 해야 할까요? 정상적인 생활을 하면서도 옛날 광야 방식으로 살면 됩니다. 월급을 받으면서도 만나를 먹던 때처럼 돈을 의지하지 않고 하나님을 의지하는 것입니다. 직장에 들어간 다음에도 들어가기 전처럼 믿음으로 생활하는 것입니다. 언제든지 지금보다 상황이 더 나빠질 수 있다고 생각하고 자꾸 하나님을 내 눈앞에 모시는 것입니다. 그러면 풍요로운 삶 가운데서도 하나님을 잊지 않고 계속 그 능력을 체험할 수 있습니다. "지금 내가 가진 집은 아무것도 아니야. 하나님과 함께라면 광야에서도 살 수 있어" 하는 마음으로 살면 기적이 자꾸 나타납니다. 기도가 무섭게 응답됩니다. 반면에 내 학벌을 붙들고 직장을 붙들고 집을 붙들고 아이를 붙들면, 머리부터 발끝까지 성한 데가 없을 것입니다.

  오늘날에도 하나님의 기적이 일어나고 있을까요? 물론 일어나고 있습니다. 다만 우리 마음이 부요해지고 우리 배에 기름이 끼어서 알아보지 못하는 것일 뿐입니다. 우리가 매일 정상적으로 사는 삶 안에는 하나님의 기적의 손길이 있습니다. 하나님은 광야에서 기적을 행하실 때처럼 이런 정상적인 삶을 통해 우리를 이기게 하실 것입니다. 풍요로운 삶에 젖어서 하나님을 잃은 사람은 가장 큰 것을 잃은 사람입니다. 그것을 되찾으려면 우리 마음이 다시 광야가 되어야 합니다. 자신의 삶에서 가장 비참하고 힘들었던 때로 돌아가야 합니다.

  우리의 많은 어려움은 오직 한 가지 이유에서 나왔습니다. 그것은 이 세상의 풍요에 젖어서 출애굽의 신앙을 버리고 하나님을 잃은 것입니다. 우리는 아직 바닥까지 내려가지는 않았습니다. 그러나 지금 정신을 차리지 않으면 더 비참해질 수도 있습니다. 우리가 회복될 수 있는 길은 오직 하나님께 부르짖는 것입니다. 신세를 한탄하라는 말이 아닙니다. 시간을 정해서 함께 모여 하나님 앞에 도움을 호소하라는 것입니다.

　그러면 하나님은 두 가지 일을 하실 것입니다. 하나는 말씀으로 우리 문제를 진단하시는 것입니다. 또 하나는 우리를 어려움에서 건져 줄 위대한 용사를 준비시키시는 것입니다. 그 용사가 누구입니까? 겨자씨만한 믿음이기는 하지만 말씀을 믿고 출애굽을 믿으며 하나님의 능력을 믿는 사람입니다. '내가 할 수 없으니까 하나님도 하실 수 없다'고 여기는 것은 불신앙입니다. '나는 할 수 없지만 하나님은 하실 수 있다'고 생각하는 것이 믿음입니다. 기드온은 이스라엘이 바라던 영웅이 아니었습니다. 오히려 영웅과는 아주 거리가 먼 사람이었습니다. 그러나 하나님은 겨자씨만한 믿음을 가진 이 사람을 통해 이스라엘을 구원하기를 기뻐하셨습니다.

2
하나님의 부르심과 기드온의 첫 임무

……여호와께서 그에게 이르시되 "내가 반드시 너와 함께하리니 네가 미디안 사람 치기를 한 사람을 치듯 하리라"……

사사기 6:14-27

정치권과 관련된 사람들은 정권이 바뀔 때마다 혹시 대통령이 자기를 장관으로 불러 주지 않을까 은근히 기대합니다. 아무래도 장관 자리에는 막강한 권력이 주어지기 때문이지요. 그러나 시절이 어려울 때는 장관보다 더 불쌍하고 비참한 사람이 없습니다. 몇 년 전 한 장관이 우르과이라운드 협상 대표로 보냄을 받았을 때 사람들은 다 그를 불쌍히 여겼습니다. 그는 강대국 대표들을 찾아가 온갖 사정을 다해 가며 얼마간의 양보를 얻어 내야 했습니다. 그는 잠도 제대로 못 자면서 이 나라 저 나라 대표를 찾아다니며 사정을 했지만 결과는 좋지 못했습니다. 그래서 결국 협상을 끝내고 돌아온 후, 농

수산물을 개방한 책임을 지고 장관 자리에서 물러나야만 했습니다. 그에게는 권리 대신 의무와 책임만 있었습니다. 아무리 장관이 되고 싶어하는 사람이라도 그런 자리는 절대 탐내지 않을 것입니다. 강대국 대표들을 찾아다니며 사정하느라 고생은 고생대로 실컷 하고서도 결국은 국내에서 매국노 소리를 얻어먹고 쫓겨나야 하는 악역을 누가 감당하려고 하겠습니까?

  성경을 보면 하나님의 부르심에 두 가지가 있다는 것을 알 수 있습니다. 하나는 우리를 이 세상의 죄에서 불러내어 하나님의 백성으로 살아가게 하시는 회개의 부르심입니다. 우리에 대해 하나님의 귀한 뜻이 있음을 보이시고 정욕대로 살던 삶에서 돌이켜 그의 은혜 안에서 살도록 부르시는 것이지요.

  그러나 이것 말고 또 다른 부르심이 있습니다. 그것은 죄에 빠진 하나님의 백성들을 건져 내기 위해 영적인 전투를 하는 사역자로 부르시는 부르심입니다. 이 부르심은 장관 자리를 주겠다는 부름과 다릅니다. 권리라고는 하나도 없고 오직 긴장과 책임만 주어지기 때문입니다. 하나님이 부르시는 이 자리는 강대국 대표들을 찾아다니면서 사정사정하고서도 욕만 얻어먹는 정도의 자리가 아닙니다. 거의 불가능한 일을 해내야 하는 자리입니다. 이 부르심을 받은 자들에게는 자기 힘으로 도저히 감당할 수 없는 강한 자들과 싸워서 하나님의 살아 계심을 나타내며 그 백성들의 마음을 바른 신앙으로 돌이켜야 할 책임이 있습니다.

그래서 이런 부르심을 받은 종들은 한결같이 그 일을 할 수 없노라고 사양하곤 했습니다. 우리는 사사기 6장 14절 이하에서 기드온 역시 하나님의 부르심을 극구 사양하는 모습을 볼 수 있습니다. 자신은 이런 일을 도저히 감당할 수 없다는 것입니다. 그러나 하나님은 그를 설득하여 이 일을 위해 나서게 하십니다.

하나님의 부르심

하나님이 기드온을 찾아와 하신 말씀은 그분이 아직 이스라엘을 버리지 않으셨다는 것입니다. 기드온은 자신들이 이렇게 비참한 상태에 빠져 있는 것은 하나님이 자신들을 버리셨기 때문이라고 믿고 있었습니다. 이스라엘 백성들이 출애굽할 때에는 기적이 있었는데 지금은 그런 기적이 없는 것을 보면 하나님이 자신들을 싫어하여 버리신 것이 틀림없다는 것입니다. 그러나 하나님은 그분이 이스라엘을 버리신 것이 아니라 이스라엘 백성들의 불신앙과 우상이 그분의 능력을 막고 있는 것이며, 이제 기드온이 해야 할 일은 바로 이 불신앙과 우상을 제거하는 일이라고 말씀하십니다.

하나님은 이 일을 위해 기드온을 부르셨습니다. "여호와께서 그를 돌아보아 가라사대 '너는 이 네 힘을 의지하고 가서 이스라엘을 미디안의 손에서 구원하라. 내가 너를 보낸 것이 아니냐?'"(6:14). 이것은 믿지 않던 자를 불러 죄를 버리고 하나님께로 돌아오게 하시는 회개의 부르심이 아니라, 하나님을 믿는 자들 중 한 사람을 특별히 불러 자기 백성들의 죄와 싸우게 하시며 그들을 사탄의 세력에서 건져 내게 하시기 위한 부르심이었습니다.

14절은 "여호와께서 그를 돌아보아 가라사대"라고 말씀하고 있습니다. 누군가에게 중요한 얘기를 꺼낼 일이 있을 때 사람들이 보통 어떻게 합니까? 우선 쉬운 말부터 하다가 갑자기 정색을 하면서 정말 말하고 싶었던 본론을 꺼내지요. 하나님도 갑자기 기드온을 돌아보시면서 그를 찾아온 본론을 말씀하셨습니다. 그 본론이란 "네 힘을 의지하고 가서 이스라엘을 미디안의 손에서 구원하라"는 것입니다. 즉 다른 사람의 도움을 받으려 하지 말고 지금 기드온이 가지고 있는 힘으로 가서 이스라엘 백성들을 구원하라는 것입니다.

자기 힘으로 도저히 극복할 수 없는 난관에 봉착했을 때, 이상은 높은데 현실이 따라 주지 않을 때, 사람은 자꾸 멍하게 허공을 바라보면서 엉뚱한 공상에 빠지게 됩니다. 혹시 누군가 나타나 이 어려움을 해결해 주지는 않을까, 어느 날 갑자기 우연한 행복이 찾아와 주지는 않을까 막연하게 기대하게 되는 것입니다. 하나님은 이처럼 '누군가 나타나서 우리를 대신해서 싸워 주지는 않을까' 막연하게 기대하고 있는 기드온에게 "미디안과 싸울 사람은 바로 너"라고 말씀하셨습니다. 이제는 그런 막연한 기대를 버리고 그 자신의 힘으로 미디안과 싸우라는 것입니다.

사실 이것은 불가능한 일입니다. 이대로 나가서 죽으라는 말이나 다름없어요. 지금 기드온과 이스라엘 백성들은 미디안 사람들을 이길 힘이 없어서 이렇게 비참하게 살고 있습니다. 그런데 하나님은 어느 누구의 도움도 받지 말고 스스로의 힘으로 나가서 미디안을 물리치라는 것입니다.

기드온은 당연히 자기는 그런 일을 할 수 없다고 대답했습니다. "기드온이 그에게 대답하되 '주여, 내가 무엇으로 이스라엘을 구원하리이까? 보소서, 나의 집은 므낫세 중에 극히 약하고 나는 내 아비 집에서 제일 작은 자니이다'"(6:15). 므낫세 지파는 이스라엘 중에서도 가장 작은 지파였습니다. 게다가 자기 집안은 그 므낫세 지파 중에서도 또 가장 작은 집안이었습니다. 즉 자신은 이스라엘 중에 가장 힘도 없고 사람도 없는 집안에 속한 보잘것없는 자라는 것입니다.

우리는 이론적으로는 '하나님만 믿으면 다 된다'고 믿고 있습니다. 그런데 그런 믿음 하나 가지고 나갔는데 그 믿음이 불발되면 어떻게 합니까? 믿음 하나 가지고 나갔는데 하나님이 역사하시지 않으면 어떻게 합니까? 그것은 자살 행위나 다름없습니다. 비행기에서 낙하산을 타고 뛰어내리는 사람은 낙하산이 펴질 것을 믿습니다. 물론 그 낙하산은 좋은 회사에서 잘 만든 것이니만큼 제때 잘 펴질 것입니다. 그런데 만에 하나 펴지지 않으면 어떻게 됩니까? 그야말로 개죽음을 당하지 않겠습니까?

하나님은 기드온에게 무엇이라고 대답하십니까? "여호와께서 그에게 이르시되 '내가 반드시 너와 함께하리니 네가 미디안 사람 치기를 한 사람을 치듯 하리라'"(6:16). 이기고 지는 것은 기드온이 상관할 바가 아니라는 것입니다. 이스라엘 백성들이 기드온의 말에 따르느냐 따르지 않느냐는 그의 책임이 아니라는 거예요. 단지 그는 하나님께 사용되기만 하면 됩니다. 그 외에 모든 것은 기드온에게 나타나신 하나님 자신이 알아서 하시겠다는 것입니다. 기드온은 한 사람도 설득할 필요가 없습니다. 그저 하나님이 시키시는 대로 하기만 하면 됩니다.

그렇다면 하나님이 함께하시는 일을 할 때 우리는 아무 일도 하지 않고 가만히 있어도 되는 것일까요? 절대 그렇지 않습니다. 아무리 하나님이 명하신 일이고 함께하시는 일이라도 사력을 다해서 노력해야 합니다. 하나님이 함께하심에도 불구하고 어떤 때에는 거의 멸망을 눈앞에 둔 것처럼 절망적인 순간이 닥치기도 합니다. 그럴 때마다 우리는 죽을 힘을 다해서 싸워야 합니다.

그렇다면 내 힘으로 싸우는 것과 하나님의 힘으로 싸우는 것에 무슨 차이가 있습니까? 하나님이 주시는 힘으로 싸울 때에는 그 일 자체는 힘들어도 미래에 대한 염려나 실패에 대한 두려움이 없습니다. 성공하든 실패하든 내가 상관할 바가 아니에요. 결과는 하나님의 책임입니다. 하나님이 알아서 하실 것입니다. 나는 그저 사용될 뿐입니다. 물론 일은 죽도록 합니다. 그러나 마음속을 갉아먹는 두려움은 없습니다.

사람에게는 두 가지 스트레스가 있습니다. 한 가지는 인간관계에서 오는 스트레스입니다. 직장 상관이나 동료 사이에 신뢰가 없는 데서 비롯되는 이런 스트레스는 사람을 망가뜨립니다. 이런 스트레스를 오래 받은 사람은 거의 정신병자가 되기 쉽습니다. 또 한 가지는 일 자체가 어려운 데서 비롯되는 스트레스인데, 이것은 좋은 것입니다. 사람은 이런 스트레스가 있어야 의욕이 생기고 발전합니다. 예를 들어 어떤 여학생이 자기를 미워하고 험담하는 친구 때문에 스트레스를 받는다고 합시다. 그 학생은 자꾸 아파서 한 번 두 번 결석하다가 결국 심각하게 병들게 될 가능성이 큽니다. 그런데 이번에는 어떤 학생이 새로 전학을 왔는데 아주 공부를 잘한다고 합시다. 공부에서 그 학생에게 지지 않아야 한다는 생각은 이 학생에게 스트레스가 될 것입니다. 그러나 이것은 좋은 스트레스입니다. 이 여학생은 전보다 더 열심히 공부할 것입니다.

하나님이 함께하시는 일이라고 해서 스트레스가 전혀 없거나 모든 일이 저절로 잘되는 것은 아닙니다. 오히려 육체적으로는 훨씬 더 힘들 수도 있고, 때로는 거의 망하기 직전까지 갈 수도 있습니다. 그러나 마음속에는 기쁨이 있습니다. 근본적인 부분에 대해서는 이미 결론이 다 나와 있기 때문입니다. 세부적인 일에서는 실수도 할 수 있고 시행착오도 겪을 수 있습니다. 그러나 우리는 확신할 수 있습니다. 지금 내가 하고 있는 일은 하나님의 일이며 이기고 지는 것은 나에게 달려 있지 않다는 것, 잘되든 못되든 하나님이 알아서 하신다는 것을 확신할 수 있습니다.

하나님은 이기고 지는 것은 기드온의 책임이 아니라고 하셨습니다. 그는 이스라엘 백성들이 어떻게 반응하든 상관할 필요가 없습니다. 오직 하나님이 하라시는 대로만 하면 됩니다. 이것이 하나님이 주신 임무입니다. 모든 결과는 하나님이 책임지실 것입니다. 만약 결과까지 우리가 책임져야 한다면 그 엄청난 부담을 어떻게 견디겠습니까? 그러나 우리는 그저 하나님이 하라시는 대로 하고 결과는 그분께 맡기면 됩니다. 결과가 좋아도 자랑할 이유가 없고 결과가 나빠도 자책할 필요가 없습니다. 이 모든 것은 하나님이 하시는 일이기 때문입니다.

기드온은 여기에 대해 뭐라고 대답합니까? "기드온이 그에게 대답하되 '내가 주께 은혜를 얻었사오면 나와 말씀하신 이가 주 되시는 표징을 내게 보이소서. 내가 예물을 가지고 다시 주께로 와서 그것을 주 앞에 드리기까지 이곳을 떠나지 마시기를 원하나이다.' 그가 가로되 '내가 너 돌아오기를 기다리리라'"(6:17-18).

여기서 새로운 문제가 시작되고 있습니다. 하나님은 기드온과 함께하셔서 그가 미디안 사람을 칠 때 마치 한 사람을 치는 것처럼 해 주겠다고 말씀하셨습니다. 그런데 기드온은 지금 이 말씀을 하신 이가 주님이시라는 표징을 보여 달라는 것입니다. 그리고 표징을 구하기 전에 집에 가서 예물을 가지고 오겠다는 것입니다. 기드온은 왜 표징을 구했을까요? 그리고 왜 예물을 가지러 집에 간 것일까요?

그는 자기를 찾아와 말씀하고 계시는 이분이 누구신지 확인하고 싶었습니다. 이분은 스스로 하나님이라고 말씀하고 있습니다. 누가 감히 자신을 하나님이라고 말할 수 있겠습니까? 진짜 하나님이 아니라면 그런 말을 할 수가 없습니다. 그러나 이분이 육신을 입고 찾아오셨기 때문에, 기드온은 이분의 말씀과 현실 사이에 엄청난 괴리를 느끼지 않을 수 없었습니다. 그의 말씀은 참으로 놀랍습니다. 그러나 눈에 보이는 겉모습은 보통 사람의 모습입니다. 군인처럼 무장하고 있는 것도 아닙니다. 병사를 거느리고 온 것도 아닙니다. 작대기 하나 든 여행객일 뿐입니다. 말씀은 믿어졌지만 그 말씀과 현실 사이에는 너무 큰 차이가 있었습니다.

기드온은 자기 믿음으로는 이 차이를 극복할 수 없다는 것을 알았습니다. 그래서 그분의 주 되심을 보여 달라고 했습니다. "당신은 제가 당신의 말씀대로 순종하면 이스라엘을 구원하실 것이라고 말씀하십니다. 저도 그것을 믿습니다. 그러나 당신의 말씀과 현실 사이에는 너무 큰 차이가 있고, 그것을 극복하기에는 제 믿음이 너무 작습니다. 제 눈에 보이는 당신은 너무 평범합니다. 제발 저에게 믿음을 주십시오. 지금까지 저에게 말씀하신 당신이 주님이시며 하나님이시라는 증거를 보여 주십시오."

우리는 하나님이 직접 어떤 일을 하라고 말씀하셔도 그 일을 향해 곧바로 달려가지 못합니다. 왜냐하면 말씀과 현실 사이에 너무 큰 차이가 있기 때문입니다. 말씀은 맞는 것 같습니다. 그러나 현실을 생각할 때 그 말씀대로 실현될 가능성이 전혀 없습니다. 그럴 때 그 일이 정말 하나님의 뜻인지 확증해 주시기를 구할 수 있습니다. 다시 말해서 인을 쳐 주시고 보증을 해 달라는 것이지요. 사실 하나님께는 도장이 필요 없습니다. 한번 말씀하시면 그 자체로 충분해요. 그러나 하나님 편에서는 충분해도 우리 편에서는 충분치 않을 때가 많습니다. 우리의 믿음이 너무나도 부족해서 말씀만으로는 그 일을 감당하지 못할 때가 많습니다. 그러니까 말씀에 도장을 찍어 달라는 것입니다. 그 말씀을 확신할 수 있는 증거를 보여 달라는 것입니다.

기드온은 이것을 구하면서 자신은 집에 가서 예물을 가져오겠다고 했습니다. 그는 왜 갑자기 이런 예물을 바치겠다고 했을까요? 지금까지 너무 정신없이 하나님을 만났기 때문에 이제라도 예의를 갖추고 싶었던 것일까요? 빈손으로 하나님의 표징을 구할 수는 없다고 생각했기 때문일까요? 아니면 주님의 말씀을 듣고 은혜를 받은 나머지 감사의 예물을 드리고 싶은 생각이 든 것일까요?

아마도 그는 빈손으로는 하나님께 나아갈 수 없으며 아무래도 예물이 있어야 한다고 생각했던 것 같습니다. 거래를 하기 위해서가 아니라, 즉 자신이 예물을 바쳐야만 하나님이 증표를 보여 주신다고 생각해서가 아니라, 자기 나름대로의 신앙고백이자 감사의 표현으로서, 헌신의 표시로서 예물을 바치려 했던 것 같습니다. 즉 '저는 당신이 하나님이신 줄 믿습니다. 겉모습만 봐서는 모르는 분 같지만 말씀을 들어 보니 정말 하나님이시라는 생각이 듭니다. 그래서 저는 당신께 저의 마음과 삶을 드리려 합니다' 라는 뜻으로 예물을 준비했으리라는 것입니다.

실제로 기드온이 준비한 음식들을 보면 한 사람이 먹기에는 너무 많다는 것을 알 수 있습니다. "기드온이 가서 염소 새끼 하나를 준비하고 가루 한 에바로 무교전병을 만들고 고기를 소쿠리에 담고 국을 양푼에 담아서 상수리나무 아래 그에게로 가져다가 드리매"(6:19). 어떻게 염소 한 마리를 한 사람이 먹을 수 있겠습니까? 또 가루 한 에바는 큰 통을 가득 채울 만한 양인데, 그렇게 많은 떡을 어떻게 한 사람이 먹을 수 있겠습니까? 국을 담아 온 양푼도 아마 큰 양푼이었을 것입니다. 이것은 단순히 식사를 대접하기 위한 예물로 보기에는 너무 많은 양입니다. 그렇다면 이 예물들이 의미하는 바는 과연 무엇일까요?

아마도 기드온은 이 하나님의 사람이 군사를 모집한다고 생각했던 것 같습니다. 그래서 이 어려운 상황에서 자기가 할 수 있는 힘을 다해 하나님께 바친 것 같습니다. 이것은 대략 열 명 정도의 인원이 한 끼 정도 먹을 수 있는 양으로 보입니다. 아마도 자기가 모을 수 있는 만큼 힘껏 모아 보니 이 정도 양이 되었을 것입니다. 물론 이것은 군대가 먹기에는 너무나도 적은 양이었습니다. 그러나 기드온은 하나님의 일을 위해 자기가 바칠 수 있는 최선의 것을 바쳤습니다. 마치 굶주린 무리 앞에 자기가 가지고 있던 보리떡 다섯 개와 물고기 두 마리를 예수님께 바친 소년처럼, 기드온은 이 어려운 때에 자기가 가지고 있던 거의 마지막 양식을 하나님께 예물로 바쳤습니다. 이것은 거래가 아니었습니다. 헌신이었습니다. 기드온은 자기가 붙들고 있던 양식을 포기했습니다. 하나님의 더 큰 부르심을 믿고, 자기가 가지고 있던 적은 양식을 포기했습니다.

기드온의 예물에 대한 응답

기드온이 하나님께 바친 것은 번제가 아니었습니다. 그는 제사장도 아니었고 이런 번제를 바칠 수 있는 처지도 아니었습니다. 단지 하나님께 자신의 작은 믿음을 표현했을 뿐입니다. 그러나 하나님은 이 예물에 놀랍게 응답하셨습니다. "하나님의 사자가 그에게 이르되 '고기와 무교전병을 가져 이 반석 위에 두고 그 위에 국을 쏟으라.' 기드온이 그대로 하니 여호와의 사자가 손에 잡은 지팡이 끝을 내밀어 고기와 무교전병에 대매 불이 반석에서 나와 고기와 무교전병을 살랐고 여호와의 사자는 떠나서 보이지 아니한지라"(6:20-21).

기드온은 미디안과 전쟁을 하려면 양식이 필요할 것이라고 생각했습니다. 그래서 자기가 가지고 있던 것을 최선을 다해 바쳤습니다. 그러나 하나님의 사자는 기드온이 드린 선물을 양식으로 받지 않으셨습니다. 그 대신 친히 제사장이 되어 하나님께 번제로 바치셨습니다. 그는 음식들을 바위 위에 두라고 한 후, 그 위에 국을 쏟으라고 하셨습니다. 그리고 지팡이 끝을 반석에 대니 반석에서 불이 나와 음식을 모두 태워 버렸습니다.

　원래 제물 위에 붓는 것은 포도주입니다. 포도주는 번제의 극치였습니다. 제물이 어느 정도 타 들어갈 때 그 위에 포도주를 부어 마지막 불꽃과 향기를 일으키는 것은 자신의 안에 있는 마지막 것까지 다 하나님께 바친다는 표시였습니다. 그런데 기드온에게는 포도주가 없었기 때문에 그 대신 국을 붓게 함으로써 마지막 헌신을 하나님께 바치게 하셨습니다.

　기드온이 하나님께 어떤 표징을 원했는지는 알 수 없습니다. 그러나 하나님이 기드온에게 보여 주신 표징은 불이 있는 예배, 하나님이 기뻐 받으시는 예배였습니다. 이 예배가 뜻하는 바가 무엇입니까? 지금까지 기드온의 삶 가운데 하나님 앞에서 아름답지 못했던 모든 것을 불로 태워서 없애 버린다는 것입니다. 이 번제를 통해 그의 모든 과거를 불살라 버리고 모든 부끄러운 죄들을 용서하시며 완전한 새사람으로 만드신다는 것입니다. 이제는 어느 누구도 과거에 지은 죄를 들추어내서 그를 고발하거나 부끄럽게 할 수 없습니다. 하나님이 그 모든 죄를 성령의 불로 태우셨기 때문입니다.

　옛날 이스라엘 백성들은 예배를 드릴 때 하나님께서 그 예배를 받으시는지, 받지 않으시는지 알 수 있었습니다. 그런데 그 중에서도 특별히 하나님이 가장 큰 역사로 받으시는 예배에는 불이 나타났습니다. 하나님은 하늘에서 불을 내리거나 반석에서 불이 나오게 하심으로써 그분이 살아 계시며 그 크신 능력으로 모든 거짓된 신들을 심판하신다는 것을 보여 주셨습니다.

오늘날 우리도 예배를 드릴 때 하나님이 우리 예배를 받으시는지, 받지 않으시는지 알 수 있습니다. 하나님이 받으시는 예배의 특징이 무엇입니까? 그 안에 뜨거움이 있고 확신이 있다는 것입니다. 하나님이 받으시는 예배에는 '내가 지금까지 지어 온 모든 부끄러운 죄들을 예수 그리스도의 피로 다 불태우셨다! 이제는 어느 누구도 과거에 내가 실패했던 불신앙의 삶을 들추어내서 나를 부끄럽게 할 수 없다!'는 뜨거운 확신이 있습니다.

갑작스런 하나님의 임재는 기드온을 매우 두렵게 했습니다. "기드온이 그가 여호와의 사자인 줄 알고 가로되 '슬프도소이다, 주 여호와여! 내가 여호와의 사자를 대면하여 보았나이다!'"(6:22). 물론 하나님은 이미 임재해 계셨고 지금까지 실컷 그와 말씀하셨습니다. 그런데도 기드온은 마치 얼굴에 수건을 쓴 사람처럼 그를 알아보지 못했습니다. 하나님의 사자인 것 같다는 생각은 했지만 분명히 확신하지는 못했어요. 그런데 예배 가운데 불이 임하자, 갑자기 수건이 벗겨지면서 하나님의 임재를 체험하게 되었고 심한 두려움에 사로잡히게 되었습니다.

특히 그를 두렵게 만든 것은 모세의 율법이었습니다. 율법에는 하나님을 본 자는 죽는다고 되어 있기 때문입니다.

그러나 하나님은 그를 안심시키셨습니다. "여호와께서 그에게 이르시되 '너는 안심하라! 두려워 말라. 죽지 아니하리라' 하시니라. 기드온이 여호와를 위하여 거기서 단을 쌓고 이름을 '여호와살롬'이라 하였더라. 그것이 오늘까지 아비에셀 사람에게 속한 오브라에 있더라"(6:23-24).

모세의 율법에 따르면 하나님을 본 사람은 분명히 죽게 되어 있습니다. 그러나 하나님은 기드온에게 모세의 율법을 넘어서는 은혜를 체험시켜 주셨습니다. 기드온은 하나님의 사자를 보았습니다. 그런데도 죽지 않았습니다. 그래서 그는 단을 쌓고 그 이름을 "여호와살롬"이라고 했습니다. 이것은 '하나님은 평강이시다' 라는 뜻입니다.

하나님의 사자가 친히 제사장이 되어 제사를 집행하셨을 때 기드온은 율법을 뛰어넘는 하나님의 은혜를 체험했습니다. 그는 '하나님은 나의 모든 죄를 용서하셨으며, 하나님과 나 사이에는 화평이 있다. 하나님이 인간적인 연약함 때문에 나를 버리시는 일은 없을 것이다. 내가 교만해지지만 않으면 나를 버리시지 않을 것이다' 라는 것을 깨달았습니다. 이 사죄의 확신은 하나님이 그와 함께하신다는 증거였습니다.

기드온의 첫 임무

하나님이 기드온에게 주신 첫번째 임무는 엄청난 것이 아니었습니다. 하나님은 기드온에게 아주 작은 일을 시키셨습니다. 그것은 므낫세 부족 안에 있는 바알 제단과 아세라 신상을 쳐부수고 하나님께 제사를 드리는 것이었습니다. "이날 밤에 여호와께서 기드온에게 이르시되 '네 아비의 수소 곧 7년 된 둘째 수소를 취하고 네 아비에게 있는 바알의 단을 헐며 단 곁의 아세라 상을 찍고 또 이 견고한 성 위에 네 하나님 여호와를 위하여 규례대로 한 단을 쌓고 그 둘째 수소를 취하여 네가 찍은 아세라 나무로 번제를 드릴지니라'"(6:25-26).

여기서 우리가 첫번째로 놀랍게 생각하는 점은 왜 미디안 사람들을 치기 전에 므낫세 사람들의 바알 제단과 아세라 신상을 먼저 깨뜨리게 하셨느냐는 것입니다. 그것은 이스라엘 안에서 하나님의 능력을 몰아내고 미디안 세력을 불러들인 것이 바로 이 바알 신이었고 아세라 신이었기 때문입니다. 하나님이 이스라엘 백성들을 버리신 것은 그분의 능력이 부족했기 때문이 아닙니다. 이스라엘 백성들이 하나님 한 분만 믿지 못하고 다른 신을 끌어들였기 때문입니다.

가나안 땅에서 산다는 것은 이스라엘 백성들에게 완전히 새로운 경험이었습니다. 그들은 이 새로운 시대, 새로운 삶에는 새로운 사고방식, 새로운 신앙이 필요하다고 생각했습니다. 다시 말해서 여호와는 너무 오래된 신으로서 이 복잡한 가나안의 삶에는 적합치 않다고 생각했던 것입니다. 그들은 이 가나안 땅에서 쫓겨나지 않으려면 가나안의 신들도 섬겨야겠다고 생각했습니다. 고대인들은 지역 신의 개념을 가지고 있었습니다. 그래서 지역이 바뀌면 신도 바꾸어야 한다고 생각했습니다. 이스라엘 백성들은 가나안 땅에서 쫓겨나지 않으려고 바알도 섬기고 아세라도 섬겼습니다. 그 결과, 하나님을 이스라엘에서 떠나시게 만들고 미디안 사람을 불러들이게 되었습니다.

하나님이 처음에 기드온에게 요구하신 것은 큰 일이 아니었습니다. 아주 작은 첫걸음이었습니다. 바로 눈앞에 있는 바알 제단과 아세라 신상부터 부수라는 거예요. 하나님이 기뻐하시지 않는 것들부터 부수라는 것입니다. 왜냐하면 그런 것들이야말로 하나님의 능력을 떠나게 만드는 원인이 되기 때문입니다.

두번째로 우리가 놀라게 되는 것은 이 바알 제단과 아세라 신상이 기드온의 아버지 요아스의 관할 아래 있었다는 사실입니다. 기드온의 아버지는 바알과 아세라를 섬기는 일에 거의 주동자 역할을 하고 있었습니다. 이것은 가나안의 사고방식이 이스라엘 백성들의 생활 속에 얼마나 깊이 뿌리박혀 있었는가를 보여 줍니다. 그들은 바알을 어느 구석에 숨겨 놓고 섬기는 것이 아니라 아예 드러내 놓고 섬기고 있었고, 족장부터 솔선수범해서 섬기고 있었습니다.

또한 하나님은 기드온에게 아버지의 둘째 수소로 번제를 드리라고 말씀하셨습니다. 왜 하필 둘째 수소입니까? 아무래도 첫째 수소가 더 좋지 않겠습니까? 기드온의 아버지에게는 소가 많지 않았던 것 같습니다. 어쩌면 단 두 마리밖에 없었을지도 모릅니다. 그런데 하나님은 왜 하필 둘째 수소를 바치라고 하셨을까요? 어쩌면 첫째 수소가 이미 바알에게 바쳐졌기 때문일 수도 있습니다. 아니면 그 수소에게 무슨 흠이 있어서 제물로 부적합했을 수도 있습니다.

25절은 이 둘째 수소가 7년 되었다고 말씀하고 있습니다. 이것은 이스라엘 백성들이 미디안 때문에 고생한 햇수와 똑같습니다. 어떻게 보면 이 둘째 수소는 미디안의 공격 가운데 태어나서 미디안에게 고통당하는 내내 이스라엘 백성들과 함께 살아온 소라고 할 수 있습니다. 아마도 하나님은 이 수소를 바치게 하심으로써 이제 미디안의 고통은 끝났다는 것을 체험적으로 깨닫게 하신 것이 아닐까요? 다시 말해서 이스라엘 백성들이 7년 동안 지은 죄와 고통이 하나님께 받아들여졌으며 이제 다시는 미디안을 두려워하지 않아도 된다는 뜻에서 7년 된 수소를 바치게 하신 것이 아닐까요? 하나님은 아세라 신상을 찍은 나무로 이 둘째 수소를 바치게 하심으로써 '이제 바알과 아세라는 죽었고 미디안의 고통도 끝났다'는 사실을 선포하신 것으로 보입니다.

오늘날 우리가 드리는 예배는 바로 이런 선포입니다. 즉 "예전에 나를 부끄럽게 하던 죄된 생활은 이제 끝나 버렸다! 나를 괴롭히고 힘들게 했던 7년 간의 암울했던 기억들은 이 수소와 함께 끝나 버렸다!"는 선포인 것입니다. 오늘 우리가 예배드릴 때 하나님의 불이 우리 가운데 임하시기를 바랍니다. 그 성령의 불이 우리의 모든 과거를 불사르기를 원합니다. 오랫동안 고통받아 온 문제가 끝나는 예배가 되기를 원합니다.

기드온은 므낫세 지파 사람으로서 제사장이 아니었습니다. 그러나 하나님은 그를 제사장으로 삼아 우상을 부수고 제사를 드리라고 하셨습니다. 이런 위기 때에는 누가 하나님의 제사장입니까? 하나님의 은혜를 가장 먼저 체험한 사람이 제사장입니다.

기드온은 하나님의 말씀대로 행했지만 대낮에 모든 사람들이 보는 앞에서 하지는 못했습니다. "이에 기드온이 종 열을 데리고 여호와의 말씀하신 대로 행하되 아비의 가족과 그 성읍 사람들을 두려워하므로 이 일을 감히 백주에 행하지 못하고 밤에 행하니라"(6:27). 낮에는 도저히 자기 가족들이나 친척들을 대적할 수가 없었습니다. 그래서 밤에 일을 저질러 버렸습니다. 그는 엘리야처럼 백주에 사람들과 대결할 자신은 없었습니다. 그는 대단히 소극적인 사람이었습니다. 그러나 비록 밤이긴 했어도 하나님의 명령대로 그분이 싫어하시는 것들을 부수었습니다.

자기 가족들한테 버림받는 것보다 더 힘든 일은 없습니다. 그러나 기드온은 가족과 성읍 사람들에게 버림받는 것을 두려워하지 않았습니다. 그는 더 이상 예전의 기드온이 아니었습니다. 더 이상 므낫세 지파 사람도 아니었고 요아스의 아들도 아니었습니다. 무엇보다 먼저 가족들 안에 있는 우상부터 공격해서 그들의 거짓된 신앙을 책망하고 하나님께 돌아오게 해야 할 하나님의 사람이었습니다.

기드온이 밤에 이 일을 행한 것은 소극적인 성격 탓도 있었겠지만, 어쩌면 가족들을 향한 사랑 때문이었는지도 모릅니다. 사실 다른 사람들의 죄를 책망할 때 필수적인 요소는 바로 그 사람에 대한 애정입니다. 죄를 지은 사람들에게 마지막으로 남는 것은 무서운 자존심이기 때문에, 자기 죄를 알면서도 인정하려 들지 않을 때가 많습니다. 그런 사람을 정말 바로잡고 싶다면 그의 자존심을 짓밟지 않는 애정이 있어야 합니다.

기드온의 가장 무서운 원수는 먼 곳에 있지 않았습니다. 바로 자기 가족들 안에 있는 우상이 원수였습니다. 그런데 왜 그것을 오늘까지 부수지 못했습니까? 아버지가 싫어하고 어머니가 섭섭해하기 때문입니다. 그러나 기드온은 더 이상 아버지와 어머니의 아들이 아니었습니다. 그는 하나님의 능력을 막는 이 더러운 우상들을 부술 임무를 맡은 하나님의 사람이었습니다.

이스라엘을 고통스럽게 만든 원수는 먼 데 있는 적이 아니라 그들 안에 있는 우상이었습니다. 그들은 가나안 땅에서 사는 것을 하나님의 일로 생각하지 않았습니다. 오히려 이 세상에 잘 적응해야 쫓겨나지 않고 살 수 있다는 생각으로 세상적인 방법을 자기들의 삶 속에 끌어들였습니다. 그 결과가 무엇입니까? 미디안 사람들이 쳐들어와서 그렇게 열심히 농사지어 모은 양식과 가축을 다 빼앗아가 버린 것입니다. 그것도 7년 동안이나 빼앗아 갔습니다. 아무리 돈을 벌면 무슨 소용이 있습니까? 미디안 사람들이 와서 다 가져가 버리는데요. 죽도록 돈을 모으고 대출 조금 더 받아서 집을 사면 뭐 합니까? 집값은 떨어지고 이자는 올라가는데요.

일이 이렇게 된 원인은 바로 우리 안에 있습니다. 오늘날 우리의 바알과 아세라는 무엇입니까? 바로 우리 자신입니다. 고생하지 않고 편하게 살려고 하는 우리 자신이 우상이에요. 예를 들어 텔레비전을 한번 보십시오. 가만히 앉아서 켜기만 하면 웃겨 주고 울려 주고 재미있게 해 줍니다. 우상은 바로 이런 것입니다. 내 안에 있는 욕망을 끄집어내서 표현해 주고 만족시켜 주는 것이 우상입니다. 그러나 텔레비전 없이 산다는 것이 얼마나 어렵습니까?

이것은 하나의 예에 불과합니다. 우리의 머릿속에는 세상적인 가치관이 너무 많이 들어와 있습니다. 그리고 우리는 그것이 잘못인지조차 모르고 있습니다. 이 세상에서 살려면 이 세상의 가치관에 맞추어야 할 것 아닙니까? 그러나 성경은 그렇게 말씀하고 있지 않습니다. 우리를 이 세상에서 살 수 있게 해 주는 것은 세상의 가치관이 아니라 하나님의 말씀이고 하나님의 약속이라는 것입니다.

그동안 우리는 남들이 하는 방법대로 다 따라 했습니다. 남들이 하는 방법대로 재테크하고 집 사고 승진했습니다. 그 결과가 무엇입니까? 미디안 사람들이 우리 것을 싹 다 가져가 버리는 것입니다.

우리나라에서는 IMF가 이 역할을 하고 있는지도 모르겠습니다. 앞으로 얼마나 더 울고 얼마나 더 헐벗어야 우리 안에 있는 우상이 없어지게 될까요? 우리는 돈을 믿고 사람의 수를 믿습니다. 그러나 하나님이 미디안 사람들을 메뚜기 떼같이 보내시면 아무리 돈이 많고 사람이 많아도 아무 소용이 없습니다. 그들은 우리의 피를 철저하게 빨아먹을 것입니다.

그렇다면 오늘 우리는 무엇을 해야 합니까? 하나님과 나 사이를 가로막고 있는 것들을 부수어야 합니다. 지금 내 안에서 하나님을 하나님 되시지 못하게 하는 것이 무엇입니까? 신이 아니면서 신처럼 군림하고 있는 것이 무엇입니까? 무엇이 하나님으로 하여금 나를 싫어하시게 만들고 있으며 그 능력을 거두시게 만들고 있습니까? 집입니까? 자식입니까? 이성 교제입니까? 공부에 대한 미련입니까?

오늘날 교회 안에서 하나님을 몰아내고 있는 것은 무엇입니까? 교회에 세상적인 가치관이 들어오면 하나님의 영광은 떠나게 되어 있습니다. 성령님은 기계적이고 습관적인 예배에 역사하시지 않습니다. 우리는 매일 새로운 예배를 드려야 합니다. 불이 있는 예배, 내 안에 있는 모든 부끄러움이 성령의 불로 태워지는 체험이 있는 예배를 드려야 합니다.

하나님은 신이 아님에도 불구하고 신처럼 군림하는 것들과 싸워 이기라는 사명을 기드온에게 주셨습니다. 나중에 기드온은 '여룹바알'이라는 이름을 갖게 됩니다. '여룹바알'이란 쉽게 말해서 '바알 파이터'라는 뜻입니다. 거짓된 신들과 싸워 이기는 것이 기드온의 임무였습니다. 이 싸움에서 중요한 것은 정신입니다. 세상 사람들은 자기들 나름대로 강력한 정신이나 사고방식을 가지고 있습니다. 그것과 싸워 이기는 것이 우리의 사명입니다.

기드온은 아주 적은 물질을 하나님께 바쳤습니다. 그것은 군대가 쓰기에는 너무나도 적은 양이었습니다. 그러나 하나님은 그 물질을 기쁘게 받아 불로 태움으로써 이 싸움이 양식이나 군사력이나 사람 수의 많고 적음에 달려 있지 않다는 것을 보여 주셨습니다. 이것은 하나님이 살아 계시느냐 아니냐를 가르는 싸움, 곧 하나님의 전쟁이었습니다. 하나님은 기드온에게 결과에 매이지 말라고 말씀하셨습니다. 왜냐하면 그것은 하나님이 책임지실 일이기 때문입니다.

우리는 지금 이 세상에서 거짓된 신들과 싸우고 있습니다. 이 세상에서 살아남으려면 이 세상 방식을 좇아야 한다고 소리지르는 신들과 싸우고 있습니다. 이미 우리 안에는 세상적인 가치관과 방법들이 많이 들어와 있습니다. 이 시간, 성령께서 우리에게 불로 임하셔서 이 모든 부끄러운 불신앙을 태워 주시기를 기도합니다.

우리는 하나님을 거역하고 있으면서도 깨닫지 못했던 7년의 세월을 끝장낼 제물을 찾아야 합니다. 무엇이 우리의 눈을 멀게 했습니까? 무엇이 진리를 보지 못한 채 하나님을 떠나 방황하게 했습니까? 기드온은 7년 된 둘째 수소를 바쳤습니다. 아마 그의 집에서는 이 수소를 빼앗기지 않으려고 7년 내내 신경을 썼을 것입니다. 그러나 이제는 더 이상 그런 신경을 쓸 필요가 없습니다. 왜냐하면 이제 하나님의 시간이 다 되었고 미디안의 고통은 끝났기 때문입니다. 이스라엘 백성들이 해방될 수만 있다면 7년 동안 아껴 온 수소를 바친들 뭐가 아깝겠습니까? 모든 사람들이 진정으로 하나님께 돌아올 수만 있다면 그동안 아껴 온 돈뿐 아니라 그 무엇을 바친들 아깝겠습니까?

 우리는 하나님의 은혜를 원하면서도 하나님께 바치는 것은 좋아하지 않습니다. 교회가 지나치게 은혜를 강조한 나머지 책임을 약화시켰기 때문입니다. 그러나 책임이 없는 은혜는 은혜가 아닙니다. 하나님의 은혜를 체험하려면 보리떡 다섯 개와 같은 작은 희생이 있어야 합니다. 기드온처럼 얼마 되지는 않지만 기쁨으로 헌신하는 것이 있어야 합니다. 하나님은 그 작은 헌신을 축복하셔서 불로 임하여 기드온과 이스라엘의 죄를 불사르고 그들의 왕이 되어 주셨습니다.

3
하나님의 함께하심을 보여 주는 표적

...... "구하옵나니 나로 다시 한 번 양털로 시험하게 하소서" ......
사사기 6:28-40

'록키'는 한 평범한 남자가 권투의 세계에 뛰어들어 무명 신세를 벗고 유명해진다는 내용의 일종의 출세 영화입니다. 미국 사회에는 하루하루 평범하게 살면서도 마음속으로는 한순간의 출세를 꿈꾸는 사람들이 아주 많습니다. 이런 것을 '뉴 신데렐리즘'의 환상이라고 말할 수 있을 것 같습니다. 이 영화가 그토록 인기를 끌 수 있었던 것은 평범한 삶에서 탈출해서 유명해지고 싶어하는 사람들의 욕망을 채워 주는 데 성공했기 때문이라고 생각합니다.

그런데 이 영화에 나오는 젊은이는 시합을 할 때 자기 애인이 함께 있어 주어야 힘을 냅니다. 그는 첫 경기에서 아주 힘겨운 상대를 만나 연방 얻어맞으면서도 관중석에 자기 애인이 어디 있는가 찾아보려고 두리번거립니다. 그러다가 상대방 선수에게 결정타를 맞고 쓰러지지요. 이 영화는 주인공이 거의 눈을 뜰 수 없을 정도로 퉁퉁 부은 얼굴로 애인의 이름을 부르는 장면으로 끝이 납니다. 사실 수많은 관중들 속에서 자기 애인을 찾기란 쉬운 일이 아닙니다. 혹시 그 애인이 "나 여기 있어요!" 하고 소리를 친다 해도, 사람들의 환호성에 가려 그 선수한테까지는 들리지 않을 것입니다.

오늘 하루하루를 살아가고 있는 그리스도인들은 이 영화에 나오는 무명의 젊은이와 아주 비슷합니다. 우리는 신데렐리즘에 빠져 있는 사람들입니다. '내가 지금은 별 볼일 없이 하루하루 평범하게 살아가고 있지만 하나님이 한번 역사하시기만 하면 한순간에 얼마든지 성공하고 출세할 수 있다'는 환상을 가지고 살아가고 있습니다. 그러나 우리 눈앞에 있는 현실은 록키와 맞붙었던 선수처럼 아주 막강합니다. 생각 같아서는 쉽게 이길 수 있을 것 같은데 막상 붙어 보면 결코 만만한 상대가 아니에요. 그래서 매일 연방 엄청나게 얻어터지면서 관중석에서 하나님을 찾습니다. 일주일 내내 눈 뜨고 볼 수 없을 정도로 얻어맞다가 주일이 되면 교회에 와서 하나님의 이름을 부르는 것이 우리들의 형편 아닙니까? 그러나 관중석 틈에서 하나님을 찾기는 그리 쉽지 않습니다.

우리가 살고 있는 이 현실은 결코 만만한 상대가 아닙니다. 믿지 않는 사람들은 이 세상의 삶을 위해 헌신한 사람들입니다. 권투 선수로 치자면 프로급이에요. 그런데 우리는 이제 처음 글러브를 끼어 본 아마추어나 다름없습니다. 하나님의 도움 없이는 도저히 배겨 낼 도리가 없습니다. 이때 중요한 것이 무엇입니까? 하나님이 나와 함께하고 계시며 내가 지금 하고 있는 일을 기뻐하신다는 확신입니다. 그렇다면 우리는 어떻게 이런 확신을 얻을 수 있습니까?

사사기 6장 후반부에서 기드온은 자기 성읍에 있는 우상을 훼파한 죄로 죽임을 당할 뻔합니다. 그는 미디안과 싸워 보기도 전에 동족에게 맞아 죽을 처지가 되었습니다. 그러나 하나님은 생각지도 못한 도움으로 그를 지켜 주셨을 뿐 아니라, 다른 사람은 알 수 없는 구체적인 방법으로 그와 함께하심을 확인시켜 주셨습니다. 전쟁을 치르기 전에 기드온에게 준비되어야 할 것은 바로 이것이었습니다.

성읍 사람들의 난동과 생각지 못한 도움

기드온은 하나님의 명령에 따라 성읍에 있는 바알의 제단을 부수고 아세라 신상을 찍은 후에, 아버지의 둘째 수소로 하나님께 새로운 제사를 드렸습니다. 이 일은 아침이 되자마자 들통이 났습니다. "성읍 사람들이 아침에 일찍이 일어나 본즉 바알의 단이 훼파되었으며 단 곁의 아세라가 찍혔고 새로 쌓은 단 위에 그 둘째 수소를 드렸는지라. 서로 물어 가로되 '이것이 누구의 소위인고?' 하고 그들이 캐어물은 후에 가로되 '요아스의 아들 기드온이 이를 행하였도다' 하고 성읍 사람들이 요아스에게 이르되 '네 아들을 끌어내라. 그는 당연히 죽을지니 이는 바알의 단을 훼파하고 단 곁의 아세라를 찍었음이니라'"(6:28-30).

아마도 성읍 사람들은 아침 일찍 바알의 단을 찾아가 아침 참배 비슷한 것을 했던 것 같습니다. 이 날 아침에도 복을 빌기 위해 일찌감치 바알의 단에 몰려가 보니, 단은 비참하게 부서져 있었고 아세라 상은 찍혀서 불에 타 버렸으며, 그 자리에 새로운 단이 세워져 있었습니다. 그렇지 않아도 바알에게 바치는 정성이 부족해서 복을 받지 못하나 보다 생각하던 터에 누군가 아예 그 단을 파괴해 버린 것을 본 성읍 사람들은 매우 분개했습니다. 자신들을 망하게 만들 작정이 아니라면 이런 일을 할 리가 없다는 것이 그들의 생각이었습니다.

아마 범인을 찾는 데는 그리 오랜 시간이 걸리지 않았을 것입니다. 단에 바쳐진 소가 그 유명한 기드온 아버지의 둘째 수소였기 때문입니다. 미디안의 공격이 시작될 때 태어나서 미디안 사람들에게 고통받는 내내 성읍 사람들과 함께했던 이 수소는 아마 그들에게 일종의 마스코트 비슷한 존재였을 것입니다. 그들은 이 수소를 보고 이것이 기드온의 소행임을 즉시 알아차렸고, 기드온의 아버지 요아스에게 몰려가 당장 기드온을 내놓으라면서 소동을 벌였습니다. 기드온이 이렇게 바알을 성나게 했으니 이제 큰 재앙이 임할 것이라고 생각했기 때문입니다.

사실 성읍 사람들은 훼파된 바알의 단과 찍힌 아세라 상을 보았을 때, 자신들의 영적인 상태도 보았어야 했습니다. 그들의 영적인 상태가 바로 그와 같았기 때문입니다. 그들은 7년 동안이나 아무 도움이 되지 않는 신들을 붙잡고 기도하며 도움을 기대했습니다. 훼파된 단과 찍힌 나무는 바로 그런 헛된 기대의 실체였습니다. 그럼에도 불구하고 그들은 오히려 기드온에게 모든 책임을 뒤집어씌워서 그를 죽여야 한다고 소리를 질렀습니다.

이 모습은 소돔 사람들을 생각나게 합니다. 그들은 천사들이 소돔 성을 심판하기 위해 갔을 때 롯의 집에 몰려가 천사를 내놓으라고 소리를 질렀습니다. 천사가 그들의 눈을 어둡게 했는데도 더듬어 가면서까지 문을 찾아 죄를 지으려 했습니다. 어쩌다가 성읍 사람들의 눈이 이 소돔 사람들만큼이나 어두워져 버렸을까요?

그 이유는 그들이 하나님의 은혜를 저버린 데 있습니다. 하나님께서는 이스라엘 백성들에게 하나님을 아는 은혜를 주셨습니다. 이것을 일반은총과 구분해서 특별은총이라고 부릅니다. 그런데 이스라엘 백성들이 이것을 특별한 은혜로 생각하지 않고 헌신짝처럼 내버리자, 하나님은 이 특별한 은혜뿐 아니라 상식이나 건전한 분별력, 인간적인 삶 같은 일반적인 은혜도 거두어 가 버리셨습니다. 그래서 하나님의 백성이 타락하면 하나님을 모르는 사람들보다 훨씬 더 무지하고 미신적이고 분별력이 없어집니다. 도저히 대화가 통하질 않습니다. 이처럼 눈이 어두워진 성읍 사람들은 기드온이 깨뜨린

바알과 아세라의 실체를 보기는커녕 오히려 기드온이 자신들을 완전히 망하게 만들었다고 착각한 나머지 그를 죽이려고 했습니다.

우리도 이와 비슷한 경우를 가족이나 친척들 사이에서 경험할 때가 있습니다. 그들은 말 못 하는 죽은 조상을 섬깁니다. 다른 일은 다 제쳐 놓아도 제사만큼은 무슨 일이 있어도 챙겨야 한다고 생각합니다. 그런데 가족 중에 한 사람이 예수를 믿어서 제사상에 절하지 않으면, 마치 그 한 사람 때문에 집안 전체가 복을 받지 못하고 몰락하는 것처럼 모든 책임을 뒤집어씌우려 합니다. 대체 죽은 조상이 무엇을 할 수 있습니까? 죽은 조상은 숟가락질도 못 합니다. 그런 조상들이 혹시라도 노여워할까 싶어서 그렇게 벌벌 떨며 제사를 드리는 것은 참으로 미련하고 무지한 짓이 아닐 수 없습니다.

기드온은 지금까지 바알이 무서워서라기보다는 가족이나 성읍 사람들이 무서워서 단을 건드리지 못하고 있었습니다. 그러나 하나님이 명령하시자 거기에 순종해서 단을 파괴했습니다. 성읍에는 큰 소동이 일어났고 사람들은 기드온에게 모든 어려움의 책임을 뒤집어씌워 그를 죽이려 했습니다.

바로 그때 기드온도, 성읍 사람들도 믿을 수 없는 일이 일어났습니다. 가장 심한 피해자인 요아스가 기드온을 두둔하고 나선 것입니다. "요아스가 자기를 둘러선 모든 자에게 이르되 '너희가 바알을 위하여 쟁론하느냐? 너희가 바알을 구원하겠느냐? 그를 위하여 쟁론하는 자는 이 아침에 죽음을 당하리라. 바알이 과연 신일진대 그 단을 훼파하였은즉 스스로 쟁론할 것이니라' 하니라"(6:31).

요아스의 이 말은 어느 누구도 예측하지 못한 것이었습니다. 사실 기드온의 이 행위로 가장 큰 피해를 입은 사람은 바로 요아스입니다. 바알의 단은 요아스에게 속한 것이었고, 따라서 그는 그 단의 관리 책임자나 마찬가지였습니다. 그리고 새 단 위에 바쳐진 수소는 바로 요아스의 것이었습니다. 그렇다면 누구보다 요아스가 가장 많이 화를 내고 가장 심하게 기드온을 비난해야 하지 않겠습니까? 그런데 놀랍게도 요아스는 기드온을 두둔하고 나섰습니다. 이것은 성령의 역사 외에는 그 어떤 것으로도 설명할 수 없는 놀라운 일입니다. 성령께서 그동안 요아스의 눈을 가리고 있던 미신과 무지의 수건을 벗기시지 않았다면 이런 일은 도저히 일어날 수 없었을 것입니다.

가끔 영화를 보면 사람이 독에 취해 정신을 잃고 악한 자에게 복종하는 이야기가 나옵니다. 그렇게 중독된 사람은 자기편을 알아보지 못해서 가장 친한 친구까지 죽이려 들지요. 그런데 어느 한순간 정신이 번쩍 들면서 자기편을 도와 위기에서 벗어나는 장면이 나올 때, 사람들은 박수를 보냅니다. 기드온의 아버지에게 일어난 일이 바로 이런 것이었습니다.

지금까지 요아스는 제정신이 아니었습니다. 그는 마치 미친 사람처럼 바알의 단을 자기 집에 세워 놓고 앞장서서 우상을 섬겼습니다. 그런데 자기 아들이 바알의 단을 부수고 아세라 상을 찍었을 때, 자기 수소로 하나님께 제사를 드렸을 때, 갑자기 정신이 돌아왔습니다. 지금까지는 마치 사탄의 독을 마신 사람처럼 우상의 앞잡이 노릇을 했습니다. 그런데 한순간에 정신이 번쩍 들면서 이 모든 일의 실체를 바로 보게 된 것입니다.

이렇게 요아스가 정신을 차린 것은 단순히 바알의 단이 파괴된 모습을 보았기 때문이 아닙니다. 다른 사람들은 그것을 보고서도 여전히 독을 마신 사람들처럼 미쳐 있었습니다. 요아스가 갑자기 정신을 차리게 된 것은 아마도 기드온의 제사와 깊은 관계가 있는 것이 아닌가 생각합니다. 기드온이 바알의 단을 부수고 아세라 상을 찍어서 하나님께 제사를 드린 것은 이제야말로 참된 신앙을 되찾겠다는 선언임과 동시에 아버지의 죄를 대신하여 드린다는 속죄제사이기도 했습니다. 요아스는 너무나도 무지한 상태에 있었기 때문에 스스로의 힘으로는 이 미신에서 벗어날 수가 없었습니다. 기드온의 제사에는 그 자신의 신앙을 고백한다는 의미와 함께 이런 아버지의 죄를 대신 씻는다는 속죄제사의 의미가 있었습니다. 어쩌면 이 둘째 수소는 요아스에게 우상과 같은 존재였을지도 모릅니다. 자신의 행복을 지켜 준다고 믿었던 마스코트였을지도 모릅니다. 그러나 아들이 아버지를 대신해서 그가 하지 못하던 엄청난 일을 해 버렸을 때, 요아스의 마음에는 갑자기 빛이 들어왔습니다.

우리 주위에도 입으로는 믿는다고 하면서도 영적으로 너무 병든 나머지 자신의 힘으로 도저히 일어날 수 없는 상태에 있는 사람들이 있습니다. 그럴 때에는 신앙이 있는 가족이 그 사람 대신 결단을 내려 줄 필요가 있습니다. 예를 들어 가족 중 한 명이 심한 미신에 빠져 있을 때 신앙을 가진 아들이나 딸이 대신해서 그 우상을 부술 수 있습니다. 가족 중 한 명이 불륜의 관계에 빠졌을 때 신앙을 가진 사람이 대신 찾아가서 그 상대방을 쫓아낼 수 있습니다. 그럴 때 하나님께서 죄에 빠졌던 사람의 눈을 덮고 있던 무지와 미신의 장막을 벗겨서 제정신이 들게 하시는 경우가 있습니다.

가까운 이들을 죄에 빠뜨리는 것이 있을 때 아무리 그들이 아쉬워하는 것이라도 대신 버리기를 주저하면 안 됩니다. 좋지 못한 비디오테이프 같은 것이 있으면 대신 버려 주어야 해요. 앞마당에 버리면 다시 주워 올 수도 있으니까 아예 부수어 버리든지 비디오 자체를 고장내든지 해야 합니다. 또 술병 같은 게 진열되어 있으면 방 청소할 때 모르는 척하면서 꽉 깨뜨리는 거예요. 그렇게 해서라도 건전한 상식을 되찾게 해야 합니다.

이런 것을 상담에서는 '대결 상담'이라고 합니다. 가까운 사람이 죄인 줄 알면서도 거기에 빠져들고 있을 때 한 번은 분명히 대결해야 합니다. 그러면 놀랍게도 사탄의 세력이 두려워하면서 도망칠 때가 있습니다. 그런 대결을 통해 가족의 이성이 회복될 때가 있어요. 오늘 우리가 드리는 예배가 나 자신만을 위한 예배가 아니라 아직도 우리 집에 남아 있는 미신과 무지와 부적과 잘못된 직업과 비정상적인 관계를 청산하는 예배가 되기를 바랍니다. 가족들의 죄를 대속하는 예배가 되기를 바랍니다.

하나님이 요아스에게 건전한 상식을 회복시켜 주신 것은 곧 그가 기드온과 함께하신다는 증거였습니다. 요아스는 몰려온 성읍 사람들에게 뭐라고 말합니까? "왜 우리가 바알을 위해 논쟁해야 하느냐"는 것입니다. 아마 이스라엘 사람들은 일종의 편법으로 바알을 끌어들였던 것 같습니다. 주위에 있는 가나안 족속들과 협상하기 위해 어쩔 수 없이 받아들인 것이지, 기쁨으로 원해서 받아들인 것은 아니라는 것입니다. 다시 말해서 그 당시 이스라엘 사람들은 가나안 사람들과 잘 지내기 위해 결혼 조약이나 불가침 조약 같은 것을 맺어야 했고, 그렇게 하려다 보니 바알 제단이나 아세라 상도 세울 수밖에 없었다는 것입니다.

요아스가 말하는 것이 바로 이 부분입니다. 바알을 받아들인 것은 어쩔 수 없는 일이었다 하더라도 바알을 위해 변호까지 할 필요는 없지 않느냐는 것입니다. 어쩔 수 없이 세상적인 방법을 수용했다 하더라도 그렇게 수용하는 것과 적극적으로 두둔하는 것은 다르지 않느냐는 거예요. 이스라엘 사람들이 바알을 두둔하는 것은 혹시라도 바알이 노여워할까 두려워해서인데, 그렇다고 해서 바알의 앞잡이 노릇까지 할 필요는 없다는 것입니다. 그리고 나서 요아스는 놀라운 말을 합니다. 만약 바알이 참 신이라면 자기가 알아서 싸우리라는 것입니다.

하나님은 때로 전혀 생각지도 않았던 사람을 통해 자기 백성을 도와주십니다. 어떤 경우에는 신앙이 전혀 없는 사람의 입에서 흘러나오는 건전하고 상식적인 한마디를 통해 돕기도 하십니다. 그렇게 하시는 이유가 무엇입니까? 하나님이 세상에 있는 모든 것을 주장하신다는 것을 보여 주시기 위해서입니다.

건전한 상식은 하나님이 사용하시는 아주 중요한 무기 가운데 하나입니다. 만약 많은 무리가 미치광이들처럼 소리를 지르면서 난동을 부리는 와중에 어떤 한 사람이 아주 사리에 맞는 말로 그들을 진정시켰다면, 그것은 하나님께서 나를 위해 일하고 계신다는 증거입니다. 전혀 도움을 기대할 수 없었던 사람, 또는 전혀 신앙 없는 사람이 갑자기 건전한 상식이나 분별력을 사용해서 나를 돕는다면, '하나님이 나와 함께하시는구나, 하나님은 내 편이시구나' 하고 깨달아야 합니다. 요아스가 건전한 상식과 분별력을 회복한 것은 하나님이 기드온과 함께하신다는 첫번째 증거였습니다.

기드온은 이 일로 '여룹바알'이라는 별명을 얻습니다. "그 날에 기드온을 '여룹바알'이라 하였으니 이는 그가 바알의 단을 훼파하였은즉 '바알이 더불어 쟁론할 것이라' 함이었더라"(6:32). "여룹"은 '싸우다'라는 뜻입니다. 따라서 "여룹바알"이란 '바알과 싸우다', 좀더 쉽게 설명하면 '바알 파이터'라는 뜻입니다. 하나님께서 기드온에게 주신 사명은 '바알'이라는 이름이 붙은 것은 전부 찾아서 싸워 무너뜨리는 것이었습니다.

기드온이 이런 별명을 얻었다는 것은 그의 우상 파괴 사건이 이스라엘 사람들에게 엄청난 충격으로 가 닿았다는 뜻입니다. 그동안 그들의 의식 속에는 바알과 아세라가 당연한 것으로 자리잡고 있었습니다. 이 우상들은 그들에게 도저히 물리칠 수 없는 절대적인 존재였습니다. 이것들을 파괴시키면 다 죽는 줄 알았어요. 그런데 기드온은 바알과 싸우고도 살아남은 것입니다.

우리 주위에도 바알과 아세라 같은 것들이 많이 있습니다. 사람들은 '전부터 이렇게 해 왔으니 지금도 당연히 이렇게 해야 한다' 고 생각합니다. 이런 관행을 깨뜨린다는 것은 사실 쉬운 일이 아닙니다. 그런데 어떤 정신 나간 사람이 이런 관행을 깨뜨리고도 살아남는다면 그는 '바알 파이터' 가 될 것입니다.

기드온의 우상 파괴 사건은 이스라엘 백성들에게 큰 충격을 주는 동시에 신앙의 자신감을 회복시키는 하나의 계기가 되었습니다.

기드온과 함께한 사람들

이런 일이 일어난 지 얼마 되지 않아서 미디안 사람들이 다시 이스라엘 백성들을 치기 위해 몰려왔습니다. "때에 미디안 사람과 아말렉 사람과 동방 사람들이 다 모여 요단을 건너와서 이스르엘 골짜기에 진을 친지라"(6:33).

미디안 사람들은 이스라엘 백성들이 바른 신앙으로 돌아오려고 한다는 것을 어떻게 이렇게 잘 알고 대대적인 공격을 해 왔을까요?

어떤 주석가는 기드온이 바알 제단과 아세라 신상을 부수었다는 정보가 미디안 사람들에게 접수되었기 때문이라고 해석하기도 하지만, 그보다는 미디안 사람들이 이번 기회에 이스라엘 사람들을 끝장내기로 이미 작정하고 있었다고 보아야 할 것입니다. 하나님은 그것을 아셨기 때문에 기드온을 준비시키시고 이스라엘 백성들의 마음을 준비시키신 것입니다.

적들은 단순히 하나님의 백성들을 지배하고 괴롭히는 것에 만족하지 못합니다. 하루 날을 잡아서 아예 그들을 끝장낼 계획을 세웁니다. 하나님께서는 그런 위기를 아시고 미리 한 사람을 준비시켜서 이스라엘 백성들의 마음을 당신께로 돌이키게 하십니다. 만약 기드온이 자기 성에 있는 바알을 부수지 못했다면 이번 미디안의 공격은 이스라엘 백성들에게 치명적인 것이 되었을 것입니다. 아예 싸울 생각조차 하지 못한 채 전부 흩어졌을 거예요. 그러나 하나님은 기드온을 말씀으로 준비시키셨고, 바알 제단을 파괴함으로써 이스라엘 백성들 사이에 큰 반응을 얻게 하셨습니다. 기드온은 이 사건으로 인해 자기도 모르는 사이에 이스라엘의 지도자가 되어 버렸습니다.

지도자는 자기가 되고 싶다고 해서 되는 것이 아닙니다. 기드온이 바알과 아세라를 파괴했다는 소문은 아마도 다른 지역에 있는 백성들에게도 상당한 힘이 되었던 것 같습니다. 그래서 다른 지역에서도 신앙을 회복하고자 하는 사람들을 중심으로 바알 파괴 운동이 일어나지 않았을까 하는 생각도 듭니다. 하나님의 백성들 사이에는 좋은 것이나 나쁜 것이나 퍼져 나가게 되어 있습니다. 어느 교회에서 나쁜 운동이 하나 일어나면 당장 다른 교회에 전염됩니다. 또 어느 한 곳에서 참된 신앙 운동이 일어나면 다른 곳에도 영향을 미치게 되어 있습니다. 바알 제단과 아세라 상 파괴 운동은 기드온의 작은 헌신으로부터 시작되었습니다. 그리고 그 자신은 우상으로 뒤덮인 이스라엘에서 하나님이 세우신 성령의 사람으로 인정받기 시작했습니다.

이렇게 이스라엘 백성들 안에서 신앙 부흥 운동이 일어나려고 할 때 적이 대규모로 쳐들어온 것은 우연의 일치가 아닙니다. 이 세상의 신이 가장 두려워하는 것은 하나님의 백성들이 은혜 받고 힘을 내는 것입니다. 이것보다 더 싫어하는 일이 없어요. 그래서 하나님의 백성들이 은혜 받고 신앙을 회복하려고만 하면 수단과 방법을 가리지 않고 공격을 해 옵니다.

미디안 사람들이 쳐들어오자 사람들의 관심은 자연히 기드온에게 쏠리게 되었습니다. 그리고 기드온이 성령으로 충만해져서 나팔을 불었을 때 상당수의 사람들이 몰려왔습니다. "여호와의 신이 기드온에게 강림하시니 기드온이 나팔을 불매 아비에셀 족속이 다 모여서 그를 좇고 기드온이 또 사자를 온 므낫세에 두루 보내매 그들도 모여서 그를 좇고 또 사자를 아셀과 스불론과 납달리에 보내매 그 무리도 올라와서 그를 영접하더라"(6:34-35).

성경은 여기에서 '여호와의 신이 강림하셨다'는 사실을 특별히 밝히고 있습니다. 하나님의 성령이 임하신 사람은 완전히 딴 사람이 됩니다. 물론 사람 자체가 아예 달라지는 것은 아닙니다. 그러나 하나님의 성령이 임하시면 책임지기 싫어하던 사람이 책임을 지고, 다른 사람을 지도할 수 없었던 소극적인 사람이 사자처럼 담대해지는 일이 생깁니다.

중요한 것은 기드온이 혼자가 아니었다는 사실입니다. 이스라엘 백성들 중에는 '이렇게 지긋지긋한 도피생활을 하게 된 것은 하나님을 온전히 섬기지 못했기 때문이다. 이제는 정말 이 죄된 삶에서 벗어나 바른 모습을 되찾아야 한다'고 생각하는 사람들이 의외로 많았습니다.

바알 제단과 아세라 신상을 파괴했다고 해서 축복이 저절로 굴러 들어온 것은 아니었습니다. 하나님의 축복은 거저 주어지는 법이 절대로 없습니다. 하나님은 우리를 안아서 옮기시지 않습니다. 엄마들은 아이들이 자고 있을 때 깨지 않도록 안아서 옮기기도 하지만, 하나님은 결코 그렇게 하지 않으십니다. 자는 우리를 흔들어 깨워서 제발로 걸어가게 하십니다. 예를 들어 하나님 앞에서 회개하고 바른 신앙을 되찾았다고 해서 잘생긴 남자가 갑자기 찾아와 "제발 저와 결혼해 주세요. 차도 있고 집도 있습니다. 맨몸으로 와 주기만 하면 됩니다"라고 한다거나, 굉장히 큰 기업체에서 "우리 회사에 오십시오. 대리로 모시겠습니다" 하는 일은 절대로 일어나지 않습니다. 처음부터 한 걸음씩 자기 발로 걸어가야 해요. 결혼하려면 여러 번 선을 보면서 까마귀도 날려 보고 비둘기도 날려 보고 시행착오도 겪어 가면서 맞는 사람을 찾아야 합니다. 또 취직하려면 토익도 보고 여기저기 원서도 내 보면서 맞는 회사를 찾아야 합니다.

하나님을 의지한다고 해서 모든 일이 공짜로 잘 풀리는 법은 없습니다. 하나님이 함께하시는 일에도 위기나 시행착오나 실수가 있을 수 있습니다. 그러나 전반적으로 그 회복이 상상할 수 없을 정도로 빠르다는 것이 차이점입니다. 우리는 하나님이 아니기 때문에 미래를 다 예측하지 못합니다. 그러나 하나님이 함께하시면 시행착오의 횟수가 적어질 뿐 아니라 혹시 시행착오를 하더라도 굉장히 빠르게 회복됩니다.

기드온이 혼자가 아니라는 사실은 대단히 중요합니다. 왜냐하면 하나님은 이스라엘의 회복을 위해 기드온을 부르셨기 때문입니다. 기드온 때에는 하나님을 믿고자 하는 사람들이 아직 많이 남아 있었습니다. 교회가 침체되어 있기는 했지만 바닥까지 내려간 것은 아니었습니다. 그러나 삼손 때는 어떠했습니까? 삼손과 함께하는 자가 아무도 없었습니다. 오히려 유다의 지도자들은 삼손을 묶어서 블레셋 사람들에게 넘겨 주기까지 했습니다. 이것은 이스라엘 백성들의 신앙이 완전히 바닥까지 내려갔다는 뜻입니다. 그들은 새로 전도받아야 할 사람들이었습니다. 그들의 마음속에는 하나님이 전혀 없었습니다.

현재 우리나라 교회 안에도 전도가 필요한 사람들이 많습니다. 진정한 복음을 한 번도 들은 적 없이 교인이 되거나 직분을 받은 사람들이 너무 많아요. 오늘날 교회의 문제는 바로 여기에 있습니다. 그러나 다행히도 우리의 신앙이 완전히 바닥까지 내려가지는 않은 것 같습니다. 왜냐하면 아직까지는 여기저기에서 말씀에 대한 놀라운 반응들이 나타나고 있기 때문입니다. 이처럼 말씀을 사모하는 자들과 말씀을 들을 귀를 가진 자들이 많이 있다는 것은, 나팔 소리가 나기만 하면 다시 일어설 사람들이 아직 많다는 것을 의미합니다. 완전히 죽은 사람은 나팔 소리를 싫어합니다. 아무리 나팔을 불어도 꼼짝하지 않을 뿐 아니라 오히려 나팔 소리 내는 자를 묶어서 팔아버리고 싶어합니다. 나팔 소리는 전쟁을 알리는 소리입니다. 완전히 죽은 사람은 전쟁을 싫어합니다.

요즘 우리나라에는 미국 교회를 배우려고 하는 교회들이 많습니다. 그러나 미국 교회와 우리나라 교회 사이에는 기드온 시대와 삼손 시대에 비견할 만한 차이가 있습니다. 즉 미국 교회는 완전히 바닥까지 내려간 교회이고 우리나라 교회는 바닥으로 내려가고 있는 교회입니다. 그렇기 때문에 미국 교회를 모방하는 것은 우리나라 교회에 바른 처방이 되지 못합니다. 다시 말해서 지금 우리나라에 필요한 것은 삼손 때와 같은 은사 운동이 아니라 기드온 때와 같은 바른 나팔 소리의 사역인 것입니다. 바른 나팔 소리가 나기만 하면 침체되어 있던 자리를 박차고 일어나 그리스도의 깃발 아래 몰려들

그리스도인들이 우리나라에는 아직 많이 있습니다. 죽은 교리 논쟁이 아니라 성령의 나팔 소리 같은 말씀의 증거야말로 우리나라의 침체된 교회들을 살릴 수 있는 힘입니다.

하나님의 함께하심을 보여 주는 표적

이스라엘 백성들이 제법 많이 모임에 따라 이제는 전쟁을 준비할 수 있게 되었습니다. 기드온은 이스라엘을 책임지는 총사령관이 되었습니다. 그러나 그의 모습은 어느 곳에서도 보이지 않습니다. 그는 족장들과 모여 지도를 보면서 작전을 짜고 있지도 않고, 식량이나 군인들의 수를 점검하고 있지도 않습니다. 그러면 그는 지금 어디에 있습니까?

기드온은 지금 아무도 없는 곳에서 혼자 하나님 앞에 기도하며 씨름하고 있습디다. "기드온이 하나님께 여짜오되 '주께서 이미 말씀하심같이 내 손으로 이스라엘을 구원하려 하시거든, 보소서, 내가 양털 한 뭉치를 타작마당에 두리니 이슬이 양털에만 있고 사면 땅은 마르면 주께서 이미 말씀하심같이 내 손으로 이스라엘을 구원하실 줄 내가 알겠나이다' 하였더니"(6:36-37).

기드온은 다른 곳에 있지 않았습니다. 오직 하나님 앞에 홀로 서서 무언가를 두고 응답을 구하며 몸부림치며 기도했습니다. 그의 손에 들려 있는 것이 무엇입니까? 양털 한 뭉치입니다. 하나님은 기드온의 손으로 미디안을 물리치고 이스라엘을 구원하겠다고 이미 말씀하셨습니다. 그러나 막상 본인은 너무 두렵고 자신이 없어서 도망치고 싶다는 것입니다. 그러니 이 양털로 제발 하나님의 뜻을 다시 한 번 확인해 달라는 것입니다.

여기에서 우리는 몇 가지 사항을 생각해 볼 수 있습니다. 첫째는 기드온이 왜 하나님의 말씀만으로 믿지 못하고 양털로 다시 그 뜻을 확인하려 했느냐 하는 점입니다. 이것은 불신앙 아닙니까? 하나님께서 한번 말씀하셨으면 말씀만 믿고 갈 것이지 왜 또 다른 표적을 달라는 것입니까?

물론 기드온이 하나님께 표적을 구한 것은 신앙이 부족했기 때문이라고 볼 수도 있습니다. 그러나 사실 이것은 그렇게 간단한 문제가 아닙니다. 우리는 너무나 연약한 나머지 말씀만으로는 자신감을 갖지 못할 때가 있습니다. 머리로는 믿지만 가슴으로는 도저히 믿어지지 않고 받아들여지지 않을 때가 있는 것입니다. 그럴 때는 하나님의 더 분명한 뜻을 묻지 않을 수 없습니다. 이것은 불신앙이 아닙니다.

불신앙이란 아예 하나님의 능력을 믿지 않는 것입니다. 마지못해 끌려가듯이 겨우 신앙생활 하다가 자기 생각과 다른 결과가 나오면 하나님을 원망하고 불평하고 대드는 것입니다. 그러나 머리로는 하나님의 뜻이 무엇인지 알고 인정하면서도 현실이 워낙 말씀과 거리가 멀다 보니 두려워서 하나님의 뜻을 구하는 경우에는 신앙이 부족하다고 할 수는 있어도 불신앙이라고 할 수는 없습니다. 단지 호기심으로 하나님이 정말 존재하는지 존재하지 않는지 알아보려고 하나님을 시험하는 것은 불신앙입니다. 예를 들어서 성경에 복음 전하는 자는 독을 마셔도 죽지 않는다는 말씀이 나온다고 해서 그 말씀이 진짜인지 가짜인지 알아 보려고 청산가리를 꿀꺽 마신다거나, 하나님이 천사를 보내서 그 발을 붙들어 주신다는 말씀이 진짜인지 가짜인지 확인해 보려고 높은 곳에서 뛰어내리는 것은 불신앙이며 하나님을 시험하는 것입니다.

그러나 기드온이 하나님께 표적을 구한 것은 하나님을 시험한 것이 아니라 하나님의 확인을 요구한 것입니다. 평상시에 우리는 어떻게 하나님의 뜻을 구합니까? 말씀에 입각해서 논리적으로 추론합니다. '하나님께서 이렇게 말씀하셨다면 현재 나의 상황에서는 이러저러하게 행동하는 것이 하나님의 뜻일 것이다' 하는 식으로 추론해서 자발적으로 순종하는 것입니다. 이것이 이른바 '적용'이지요. 이런 일이 가능한 것은 하나님께서 우리에게 이렇게 할 수 있는 특권을 주셨기 때문입니다.

그러나 기드온의 눈앞에 놓인 상황처럼 수많은 사람들의 생명이 걸린 문제, 한 번 실수하면 다시는 돌이킬 수 없는 엄청난 책임이 딸린 문제가 있을 때에는 자기 혼자 추론해서 하나님의 뜻이라고 확신해 버리기가 너무 겁이 납니다. 그럴 때 다시 한 번 하나님의 결재를 요구할 수 있습니다. 직장에서 내 책임으로 위임받은 사항에 대해서는 일일이 결재를 받을 필요가 없습니다. 내가 알아서 처리한 후에 보고하면 됩니다. 그러나 회사의 사활이 걸린 중대한 사안일 경우에는 아무리 상관의 뜻이 확실한 것 같아도 한 번 더 결재를 받는 편이 현명합니다.

지금 기드온은 호기심으로 하나님의 존재를 시험하려는 것이 아닙니다. 또 자기 생각과 다르면 얼마든지 거부할 수 있다는 생각으로 그 뜻을 구하고 있는 것도 아닙니다. 지금 기드온은 하나님의 뜻을 다시 한 번 확인해 주실 것을 구하고 있습니다. 머리로는 인정이 되지만 가슴으로는 도저히 받아들여지지 않았기 때문입니다. 이 일을 하긴 해야 할 텐데 기쁨도 없고 자신도 없고 두렵기만 합니다. 그러니 자기의 감정과 의지까지 전부 하나님의 뜻에 복종할 수 있도록 다시 한 번 말씀에 인을 쳐 달라는 것입니다.

어떤 때는 말씀만으로도 충분히 이길 수 있습니다. 말씀에서 논리적으로 추론해 낸 것만으로도 얼마든지 이길 수 있어요. 그러나 너무 엄청난 일이어서 자기 힘으로는 도저히 감당할 수 없을 때에는 다시 한 번 말씀에 인을 쳐 주시기를 구할 수 있습니다. 눈에 보이는 것으로 다시 한 번 확인해 주셔서 자신을 하나님께 전적으로 복종시킬 수 있게 해 달라고 구할 수 있습니다.

왜 우리에게 기도의 시간이 필요합니까? 자신의 힘으로는 도저히 감당할 수 없는 하나님의 뜻에 자신을 복종시키기 위해서입니다. 기도 시간은 하나님 앞에 나를 죽이는 시간입니다. 생각뿐 아니라 감정과 의지를 비롯한 모든 것으로 하나님의 뜻에 복종할 수 있도록 자신을 죽이는 시간입니다. 머리로 아는 것만으로는 이기지 못합니다. 만일 기드온이 이런 확신 없이 억지로 싸우러 나갔다면 미디안을 이기지 못했을 것입니다. 아마 군사를 선발하는 이상한 방식에서부터 하나님과 갈등이 생겼을 것입니다.

신앙은 성경공부가 아닙니다. 아무리 성경공부를 많이 해도 결국은 자기 마음이 움직여지는 대로 따라갑니다. 내가 성경공부 하고 싶을 때는 교회가 아무리 멀어도 열심히 가서 하지만, 내가 싫으면 안 가도 그만이에요. 이런 태도로는 세상을 이길 수 없습니다. 신앙은 자신의 감정을 설득하는 것입니다. 하기 싫은 그 일에 자신을 복종시키는 것입니다. 그렇게 하려면 기도의 시간이 필요합니다. 자기 하고 싶은 것만 해도 된다면 무엇 때문에 영적인 싸움이 필요하겠습니까? 하고 싶으면 하고 하기 싫으면 그만두는 것은 신앙이 아닙니다. 하기 싫은 것이 있어도 자신을 설득해서 복종시키는 것이 신앙입니다.

둘째로, 기드온은 왜 하필 양털과 이슬로 하나님의 뜻을 구했을까요? 기왕 하나님께 부탁하는 것이니, 아예 양을 한 마리 잡아 놓고 전처럼 한 번 더 불로 응답해 달라고 할 수도 있지 않습니까? 제가 생각하기에 기드온은 영적인 자폐아였던 것 같습니다. 자폐아의 문제가 무엇입니까? 부모와 정상적인 의사소통이 되지 않는다는 것입니다. 물론 자폐 증세에도 여러 가지가 있지만, 가장 어려운 증세가 감정 통제와 의사소통이 되지 않는 것입니다. 부모가 아무리 소리를 지르며 이야기해도 아이의 귀에는 들리지 않습니다. 오직 끝없는 어둠의 세계만 있을 뿐입니다. 예를 들어 헬렌 켈러는 보지 못하고 듣지 못하고 말하지 못하는 삼중고로 고통을 받았습니다. 그래서 그의 선생님은 손바닥으로 의사소통을 했습니다. 기드온은 엄청난 전쟁을 눈앞에 두고 거의 영적인 자폐증이라고 할 만한 상태에 빠져 있었습니다. 그의 귀에는 아무 소리도 들리지 않았습니다. 눈앞에는 끝없는 어둠만 있었습니다. 그에게 의사소통이 가능한 부분은 오직 손바닥뿐이었습니다. 그는 손바닥을 통해 하나님을 느끼기 원했습니다.

그가 처음에 구한 것은 양털에만 이슬이 있고 주위에는 이슬이 없게 해 달라는 것이었습니다. 그런데 하나님께서 양털에 얼마나 물을 많이 부어 주셨는지 양털을 짜니 그릇에 가득할 정도였습니다. 다음 날 기드온은 조금 더 어려운 기도를 했습니다. 양털은 마르고 주위에는 이슬이 있게 해 달라는 것입니다. 그러나 이 요청도 그대로 이루어졌습니다.

하나님은 이슬을 통해 자신이 온천하에 충만히 계심을 보여 주셨습니다. 하나님은 기드온 바로 앞에 계셨습니다. 좌우에도 계셨습니다. 뒤에도 계셨습니다. 마치 온 세상이 하나님의 귀인 것처럼 기드온의 의식 저 깊은 곳에 있는 불안과 두려움의 신음 소리를 듣고 계셨습니다. 우리는 하나님이 설마 나 같은 사람의 기도를 들으실까 의심할 때가 많습니다. 그러나 하나님은 할 수만 있다면 온 하늘에 하나님의 사인을 기록해서라도 우리에게 믿음을 주고자 하십니다.

우리는 하나님의 도우심 없이 이 세상을 이길 수 없습니다. 그런데 어떻게 하면 하나님이 나와 함께하심을 확인할 수 있습니까? 어떻게 하면 수많은 관중들 틈에서 나의 하나님을 발견할 수 있습니까? 어떻게 하면 그 수많은 사람들의 외침 속에서 나와 함께하신다는 그분의 음성을 들을 수 있습니까? 물론 하나님은 우리 앞에도 계시고 뒤에도 계시며 위에도 계시지만 우리의 눈에는 보이지 않습니다. 우리는 어떻게 하나님이 나를 사랑하시며 도우시는지 확인할 수 있습니까?

건전한 상식은 하나님이 사용하시는 아주 중요한 방법 가운데 하나입니다. 하나님은 생각지도 못했던 사람의 입에서 흘러나오는 건전한 말 한마디를 통해 나와 함께하신다는 표적을 주십니다. 틀림없이 도와 줄 것이라고 생각했던 사람에게서는 도움이 오지 않고 오히려 의외의 사람한테서 도움이 옵니다. 하나님의 생각은 우리의 생각과 다릅니다. 그래서 미리 작전을 짜 놓지 않는 것이 좋습니다. 미리 작전을 짜 놓아 봐야 혼선만 생깁니다. 하나님은 우리가 미처 상상하지 못한 방법으로 우리를 도우십니다.

이처럼 하나님은 건전한 상식을 통해 우리에게 그 뜻을 알려 주실 뿐 아니라 다른 형제 자매들의 반응을 통해 내 마음에 확신을 주시기도 합니다. 그러나 때로는 놀랍게도 눈에 보이는 증거를 통해 하나님의 뜻을 인쳐 주심으로써 마음속 깊은 곳에 있는 불안과 불신을 해결해 주십니다.

우리는 미신과 두려움을 떨치고 일어나 하나님의 말씀에 귀를 기울여야 합니다. 건전한 상식만 바로 사용해도 내가 얼마나 터무니없는 말에 속고 있는지 깨달을 수 있습니다. 우리는 사탄의 독에서 풀려나 건전한 분별력을 되찾아야 합니다. 그리고 더 분명한 하나님의 뜻을 구하기 위해 혼자 하나님과 독대하는 시간을 가져야 합니다.

하나님의 일이라고 해서 저절로 잘되는 법은 없습니다. 그리스도인도 세상 사람들과 똑같이 공부해야 하고 똑같이 일해야 합니다. 하나님의 사람이라고 해서 신데렐라처럼 어느 한순간에 갑자기 행운이 쏟아지는 일은 절대로 없습니다. 그러나 우리에게는 세상 사람들이 갖지 못한 것이 있습니다. 그것은 하나님이 우리와 함께하신다는 표적입니다. 그 표적을 가지고 걸어가는 사람은 결코 실패하지 않습니다.

4
기드온의 전쟁 준비

> ······ "내가 이 물을 핥아먹은 300명으로 너희를 구원하며 미디안 사람을
> 네 손에 붙이리니" ······
>
> 사사기 7:1 - 14

전쟁의 승패는 자기편이 가진 힘을 얼마나 잘 응집시켜서 효과적으로 상대편에 타격을 가하느냐에 달려 있는 것 같습니다. 걸프전이 터지기 전, 미군은 전쟁에 대비해서 세계 최첨단 무기들과 군인들을 속속 걸프만으로 집결시켰습니다. 여러 대의 항공모함과 수많은 탱크가 중동에 집결했고 엄청난 미사일과 군수물자들이 거대한 수송기로 이동되었습니다. 결국 걸프전은 사담 후세인의 이라크 군대가 미군에게 일방적으로 얻어터지는 것으로 싱겁게 끝나고 말았지만, 전쟁이란 얼마나 많은 군사력을 집중적으로 투입해서 상대방을 무력화시키느냐에 달려 있음을 다시 한 번 보여 주었다고 말할 수

있습니다.

사사기 7장 전반부에는 기드온이 이스라엘 백성들을 멸망시키려고 몰려든 미디안의 군사들과 싸우기 위해 전쟁을 준비하는 내용이 나옵니다. 이 전쟁을 위해 기드온은 무엇을 준비해야 할까요? 아마 가능한 한 한 명의 군사라도 더 전쟁에 끌어들이고 하나의 무기라도 더 징발해야 할 것입니다. 그러나 어찌 된 일인지 기드온은 이와 정반대 되는 일을 하고 있습니다. 싸우기 위해 모여든 이스라엘 군인들 거의 대부분을 이 핑계 저 핑계로 돌려보낸 것입니다. 결국 남은 자는 단 300명뿐이었습니다. 기드온은 이 300명을 데리고 십수만 명에 이르는 미디안 사람들과 싸우겠다고 합니다. 그러나 자살 특공대로 나가는 것이 아니라면 단 300명으로 도대체 무엇을 할 수 있겠습니까?

하나님이 개입하시는 전쟁

이제 막 전쟁이 터지려고 합니다. 얼마나 긴장된 순간인지 모릅니다. 그때, 하나님께서는 기드온과 함께한 군사가 너무 많기 때문에 그들과 함께 싸우지 않겠다고 말씀하십니다. "여룹바알이라 하는 기드온과 그를 좇은 모든 백성이 일찍이 일어나서 하롯 샘 곁에 진 쳤고 미디안의 진은 그들의 북편이요 모레 산 앞 골짜기에 있었더라. 여호와께서 기드온에게 이르시되 '너를 좇은 백성이 너무 많은

즉 내가 그들의 손에 미디안 사람을 붙이지 아니하리니 이는 이스라엘이 나를 거스려 자긍하기를 내 손이 나를 구원하였다 할까 함이니라'"(7:1-2).

하나님께서는 전쟁이 시작되기 전에 이 전쟁의 성격부터 분명히 하자고 하십니다. 이 전쟁의 성격이 무엇입니까? 이 전쟁은 단순히 이기고 지는 것으로 끝나는 전쟁이 아닙니다. 자기 민족을 다른 민족의 손에서 보호하기 위한 전쟁도 아닙니다. 이 전쟁은 과연 하나님이 살아 계시느냐, 살아 계신다면 얼마나 능력이 있느냐를 보여주는 전쟁입니다. 하나님은 지금 이 점을 분명히 하고 계십니다. 기드온과 함께 싸우겠다고 모인 이스라엘 군사는 모두 32,000명이었습니다. 미디안 사람들에 비하면 엄청나게 적은 수입니다. 그런데 하나님께서는 "이 32,000명도 너무 많다. 이렇게 많이 싸우러 나가려면 너희들끼리 가라"고 말씀하시는 것입니다.

사실 우리는 잘 이해가 되지 않습니다. 노대체 이 전쟁이 어떻게 하나님의 전쟁이 될 수 있습니까? 이스라엘 백성이 이 모양 이 꼴이 된 것이 다 누구 잘못입니까? 이스라엘 백성들의 잘못 아닙니까? 그들이 하나님을 두려워하지 않고 바알과 아세라 같은 우상을 섬겼기 때문이 아닙니까? 일은 그들이 저질렀는데 책임은 왜 하나님이 지셔야 합니까?

놀라운 사실은 아무리 우리의 잘못 때문에 큰 곤경이 닥치게 되었다 하더라도 빈손 들고 하나님께 나아가 완전히 맡기기만 하면 곧 하나님의 전쟁이 된다는 것입니다. 그러나 주의할 점이 있습니다. 말로는 하나님께 완전히 맡긴다고 해 놓고서 여전히 걱정하고 근심한다면 그것은 맡긴 것이 아닙니다.

사실 하나님께 맡긴다고 해서 반드시 좋은 결과가 나오는 것은 아닙니다. 실제로 기드온은 하나님께 이 문제를 맡겼기 때문에 거의 망하다시피 했습니다. 하나님이 구조조정을 해야겠다고 하시면서 싸우러 온 사람들을 거의 다 돌려보내셨기 때문입니다. 지금은 단 한 사람의 군인도 아쉬운 때입니다. 돌아가겠다는 사람도 설득해서 잡아 놓아야 할 때예요. 그런데 하나님은 그 아까운 사람들을 다 돌려보내셨습니다. 그럼에도 불구하고 기드온은 이 문제를 하나님께 맡겼습니다.

7장에서 가장 이해되지 않는 것은 하나님이 군사를 선발하신 방식입니다. 하나님은 이 핑계 저 핑계로 모인 사람들을 거의 대부분 돌려보낸 후 달랑 300명만 남겨 놓고, 이 300명으로 거의 20만 명에 이르는 미디안 사람들을 내쫓겠다고 하십니다. 이것이 현실적으로 가능한 이야기입니까? 우리가 하나님의 뜻을 분별할 때 아주 중요하게 생각하는 것이 바로 건전한 상식입니다. 요아스는 분개하여 몰려온 성읍 사람들을 사리에 닿는 상식적인 말로 설득해서 돌려보냈습니다. 그런데 막상 하나님은 미디안과 싸우는 일에서 현실을 철저하게 무시하고 계시는 것입니다.

전쟁은 무조건 이기고 봐야 합니다. 가끔 신문에도 "패장은 말이 없다"는 표현이 나오곤 하지만, 전쟁에서는 무조건 이겨야 할 말이 있지 지고 나면 모든 것을 빼앗겨도 할 말이 없습니다. 이 세상에는 많은 악이 있습니다. 여기서 악이란 자기 세력만 믿고 불의를 행하는 것을 가리킵니다. 가족이나 동료들 사이에서도 힘을 가진 사람이 힘이 없는 사람을 억누르는 것은 악입니다. 깡패가 다른 사람의 돈을 빼앗는 것도 악입니다. 권력을 가진 자가 약한 자를 억압하는 것도 악입니다. 이런 악은 무력으로 물리쳐야 합니다. 두말할 필요가 없습니다. 그런데 악 중에서도 최고의 악은 전쟁입니다. 전쟁에는 중립이나 타협이 존재하지 않습니다. 무조건 이기지 않으면 전부 잃는 것입니다. 전쟁에서 지면 집도 재물도 사람도 다 빼앗길 수밖에 없습니다.

그런데 하나님께서 미디안이라는 엄청난 악을 징계하는 일에 상식적인 방법을 사용하지 않고 거의 대부분의 백성들을 돌려보내신 이유가 무엇입니까? 이번 전쟁은 이스라엘의 전쟁이 아니라 하나님의 전쟁이기 때문입니다. 하나님은 자신이 직접 싸우겠다고 하십니다. "이번에는 내가 직접 나설 테니 너희는 비켜라. 너희의 수가 많으면 이번 전쟁의 성격이 모호해진다. 내가 도와서 이긴다 해도 너희 힘으로 이겼다고 할 것이 아니냐? 그러니 너희는 비켜라"라는 것입니다.

예수님은 한 비유에서 이렇게 말씀하셨습니다. "또 어느 임금이 다른 임금과 싸우러 갈 때에 먼저 앉아 10,000으로써 저 20,000을 가지고 오는 자를 대적할 수 있을까 헤아리지 않겠느냐? 만일 못할 터이면 저가 아직 멀리 있을 동안에 사신을 보내어 화친을 청할지니라"(눅 14:31-32). 전쟁을 할 때 군사력을 미리 비교해 보는 것은 상식입니다. 내가 거느린 10,000명과 상대방이 거느린 20,000명을 비교해 볼 때 절대적으로 힘이 달린다 싶으면 싸우지 않고 화해하는 것이 상식이에요. 그런데 하나님께서는 이번 전쟁에서는 그런 상식적인 방법을 사용하지 않으십니다. 이 전쟁은 하나님이 살아 계시느냐 그렇지 않느냐를 판가름 내는, 하나님의 이름이 걸린 전쟁이기 때문입니다.

오늘날 하나님의 이름이 걸린 전쟁이라고 볼 수 있는 상황은 어떤 것입니까? 악한 사람들이 하나님의 백성을 단순히 핍박하는 정도가 아니라 완전히 멸망시키려고 할 때, 그 싸움은 하나님의 전쟁이 됩니다. 이 세상의 악한 자들이 하나님의 백성을 업신여겨서 그들을 조롱하고 괴롭히며 고통을 줄 때가 있습니다. 그러나 그렇다고 해서 매번 하나님이 직접 나서서 싸우시지는 않습니다. 그 대신 하나님은 조용히 지켜보십니다. 한두 번 하나님의 백성들을 괴롭혀 보아도 징계나 재앙 같은 것이 오지 않는 것을 보고 마음이 아주 교만해진 악한 자들은 하나님을 우습게 여기고 아예 그 백성의 씨를 말리려고 덤벼듭니다. 그때 하나님의 전쟁이 시작됩니다.

사람들은 죄를 불쌍히 여기려는 경향이 있습니다. '왜 사람이 죄를 짓느냐? 배우지 못하고 환경이 나빴기 때문에 어쩔 수 없이 짓는 것이다'라고 생각합니다. 그러나 실제로 경험해 보면 단순히 가난하고 환경이 나빠서 죄를 짓는 것이 아니라는 사실을 알게 됩니다. 창녀짓을 하는 사람들 중에는 너무 가난해서 빚에 팔려가 그 일을 하게 된 사람도 있을 수 있지만, 그런 타락한 생활을 즐겨서 의도적으로 하는 사람들도 많습니다. 또 폭력을 휘두르는 사람은 어쩔 수 없어서 그렇게 한다기보다는 약한 사람을 괴롭히는 것을 즐겨서 그렇게 하는 경우가 더 많습니다. 이것이 악입니다.

그들의 마음속에는 스스로를 아주 강퍅하게 만드는 것이 있습니다. 어쩌다가 양심의 소리가 들려도 일른 귀를 막고 오히려 더 악하고 잔인하게 죄를 즐깁니다. 그런 마음은 하나님이 버리신 마음입니다. 처음에는 두려워하면서 죄를 짓습니다. 그러나 어느 정도 시간이 지나면 죄를 두려워하지 않습니다. 양심의 소리에 귀를 기울일 마음이 아예 없어져 버려요. 그런 자들이 하나님의 백성들을 공격할 때 그것은 하나님의 전쟁이 됩니다.

우리는 이 세상에 살면서 어떻게 하든지 건전한 상식을 사용해야 합니다. 왜냐하면 하나님은 일반은총의 하나님이시기 때문입니다. 너무 하나님의 뜻을 강조하다 보면 자기 내면의 소리를 마치 하나님의 소리인 양 절대시하다가 오히려 하나님의 뜻을 거스르게 되기 쉽습니다. 반면에 상식적으로 생각할 것이 아니라 철저하게 영적으로 생각해야 할 때가 있습니다. 그때가 언제입니까? 악한 자들이 자기 힘을 믿고 의도적으로 하나님의 백성을 멸망시키려고 할 때입니다. 그럴 때 상식적으로 생각하는 사람은 오히려 교회를 망치게 됩니다.

예를 들어 평상시에는 우리 모두 교통 질서를 잘 지켜야 합니다. 아무리 급해도 파란 불이 켜질 때까지 기다려야 해요. 그러나 위급한 일이 발생해서 사람이 죽어 가고 있을 때 그런 신호를 다 지키는 것은 무책임한 일일 뿐 아니라 사람을 죽이는 범죄 행위입니다. 사람이 죽어 가고 있을 때에는 빨간 불이 켜졌더라도 무시하고 무조건 병원으로 달려가야 합니다.

마찬가지입니다. 평소에 사탄의 세력과 싸울 때에는 철저하게 상식적으로 생각해야 합니다. '이것이 상식적으로 말이 되는가, 안 믿는 사람이 보기에도 말이 되는가' 하는 점이 굉장히 중요해요. 그리고 나의 힘과 상대방의 힘을 잘 비교해 보되, 특히 자신의 능력을 객관적으로 평가할 수 있어야 합니다. 예배당을 지을 능력이 도저히 되지 않는데도 믿음을 앞세워 공사를 시작했다가 빚 때문에 넘어지는 교회들이 많이 있습니다. 이것은 믿음이 좋은 것이 아니라, 건전한 상식을 사용하지 못하고 지나치게 주관적인 확신에 빠진 것입니다.

그러나 절대로 상식을 사용해서는 안 될 때가 있습니다. 언제입니까? 악의 세력이 하나님의 교회를 끝장내려고 할 때입니다. 악의 세력이 절대적인 힘으로 공격해 와서 도저히 살아날 가능성이 없을 때입니다. 이때는 하나님이 일어서실 때입니다. 이때는 사람을 모으거나 돈을 모으는 것으로는 절대 이기지 못합니다. 예수님은 "기도 외에 다른 것으로는 이런 유가 나갈 수 없느니라"(막 9:29)고 말씀하셨습니다. 이것은 기도를 오래, 간절히 하라는 뜻이 아닙니다. 우리의 힘으로는 불가능한 일이므로 주님의 힘을 빌리라는 것입니다. 다른 방법으로는 살아남을 길이 없습니다. 하나님이 보좌에서 일어나셔야 합니다. 하나님이 개입하시지 않는 이상 절대로 빠져나올 수 없습니다.

지금 미디안 군대는 무력시위를 하려고 몰려온 것이 아닙니다. 고대의 많은 전쟁은 사람을 죽이는 전쟁이라기보다는 무력시위에 가까웠습니다. 적당히 재물을 빼앗고 약탈한 후 돌아가는 것이 전부였어요. 진짜 사람을 죽이는 전쟁은 앗수르와 바벨론 시대에 이르러서야 시작되었습니다. 그러나 이번에 미디안 군대가 올라온 것은 의도적으로 하나님의 백성들을 멸망시키기 위해서였습니다. 그들을 이 세상에서 영원히 없애 버리려고 올라온 것입니다. 이것은 하나님의 전쟁이었습니다.

두려워 떠는 자는 길르앗을 떠나라

하나님은 두 가지 방법으로 이스라엘 군사를 선발하셨습니다. 첫째는 싸우러 모인 자들 중에서 두려워 떠는 자는 집으로 돌아가도 좋다고 말씀하신 것입니다. "'이제 너는 백성의 귀에 고하여 이르기를 누구든지 두려워서 떠는 자여든 길르앗 산에서 떠나 돌아가라 하라' 하시니 이에 돌아간 백성이 22,000명이요 남은 자가 10,000명이었더라"(7:3).

하나님께서는 전쟁이 겁나서 떨고 있는 자는 집으로 돌아가도 좋다고 하셨습니다. 그런데 여기에서 문제가 되는 것은 장소입니다. 3절에는 "길르앗 산에서 떠나"라고 되어 있는데, 지금 기드온과 이스라엘 백성들이 모여 있는 곳은 길르앗이 아니기 때문입니다. 길르앗은 요단 동편에 있는 장소인데 지금 이스라엘 백성들이 모여 있는 곳은 요단 서편이고 전쟁이 일어난 곳도 요단 서편입니다. 그래서 학자들 중에는 '길보아'라는 지명을 잘못 써서 '길르앗'이라고 하지 않았을까 생각하는 사람도 있고, 혹은 우리가 알지 못하는 '길르앗'이라는 이름을 가진 곳이 요단 서편에도 있었을지 모른다고 추측하는 사람도 있습니다.

실제로 길르앗은 항상 소유권 분쟁이 일어나던 곳이었습니다. 다시 말해서 다른 나라들이 늘 넘겨보면서 공격하던 곳이었습니다. 길르앗 땅을 빼앗긴다는 것은 요단 서편 본토까지 위태로워진다는 것을 의미했습니다. 그래서 이스라엘 백성들의 마음속에는 어떻게 해서든지 길르앗만큼은 지켜야 한다는 일종의 묵계가 있었던 것 같습니다.

하나님께서 전쟁이 겁나는 사람들은 길르앗을 떠나라고 말씀하신 것은 그들의 마음을 떠 보는 무서운 시험이었습니다. 지금 이 전쟁이 어떤 전쟁입니까? 하나님의 백성들이 과연 이 세상에 존재할 수 있느냐, 아니면 세상의 힘에 밀려 영원히 사라져야 하느냐를 결정짓는 중요한 전쟁입니다. 싸우고 싶으면 싸우고 싸우기 싫으면 그만두어도 되는 그런 전쟁이 아니에요.

예를 들어 옆집 아저씨와 주차 문제로 충돌이 일어났을 때는 굳이 싸울 필요가 없습니다. 그 아저씨가 우리 집 앞에 차를 세우겠다고 고집하면 나는 다른 곳을 찾아서 세우면 그만이에요. 그런 싸움에 이겼다고 해서 상 줄 사람 아무도 없습니다. 집에 있는 대야 다 꺼내고 연탄재 다 꺼내서 주차하지 못하게 막았다고 해서 하나님께 칭찬 못 받아요. 그러나 내 눈앞에서 누가 아내와 아이를 잡아가고 있다고 합시다. 이것은 그만둘 수 있는 싸움이 아닙니다. 누가 "싸우지 말고 집으로 돌아가시지요"라고 한다고 해서 포기할 수 있는 싸움이 아니에요. 죽든지 까무러치든지 무슨 수를 써서라도 아내와 아이를 찾아와야 합니다.

지금 이스라엘 백성들 앞에 닥친 전쟁은 싸워도 그만, 싸우지 않아도 그만인 전쟁이 아닙니다. 미디안 사람들은 그들을 이 세상에서 완전히 없애 버리려고 왔습니다. 이것은 이 땅에 하나님의 교회가 존재할 수 있느냐 없느냐를 결정짓는 전쟁입니다. 그런데 이렇게 자신들의 사활이 걸린 중요한 상황을 앞에 두고 돌아가라고 한다고 해서 돌아가면 어떻게 되겠습니까? 이럴 때는 아무리 하나님이 돌아가라고 하셔도 돌아가지 말아야 합니다.

그러나 실제로는 너무나도 많은 자들이 이 말씀을 듣고 돌아가 버렸습니다. 이것은 이스라엘 백성들 가운데 이번 문제의 심각성을 모르는 사람들이 그만큼 많았다는 사실을 나타냅니다. 자신들이 왜 이 세상에 존재해야 하는지, 자신들이 무엇 때문에 미디안과 싸워야 하는지 그 이유조차 모르고 나온 사람이 무려 22,000명이나 되었습니다. 하나님은 이 많은 사람들이 돌아가 버린 이 일을 통해 이스라엘 백성들의 상태를 보여 주셨습니다. 아무리 백성이 많은들 무슨 소용이 있습니까? 그들은 자신들이 누구인지, 이스라엘과 미디안이 왜 다른지 전혀 모르는 사람들이었습니다.

이것은 오늘 교회의 문제이기도 합니다. 그리스도인이라고 하면서도 그리스도인이 대체 뭐 하는 사람인지 모르는 이들이 태반인 것 같습니다. 왜 예수를 믿어야 하는지, 왜 믿음의 싸움을 싸워야 하는지, 왜 죄 때문에 눈물을 흘려야 하는지, 왜 고난을 받아야 하는지 전혀 모릅니다. 물론 하나님은 이런 사람들이 아주 무가치하다고 말씀하시지는 않습니다. 그러나 악과 싸우는 이번 전쟁에 참여할 숫자에는 포함시키지 않겠다고 하십니다. 자기가 누구인지, 왜 믿는지 모르는 사람도 나중에 은혜를 받으면 훌륭한 하나님의 백성이 될 수 있습니다. 그러나 그런 사람은 예비병력은 될 수 있어도 선발부대는 될 수 없습니다.

기독교가 무엇입니까? 예수 때문에 모든 것을 잃고 손해보는 것입니다. 예수 때문에 잃어버린 것이 하나도 없는 사람은 예수를 사랑한다는 말을 하면 안 됩니다. 요즘 많은 교회에서 느끼는 것은 교인 수는 폭발적으로 증가해도 책임지는 사람은 거의 늘지 않고 있다는 점입니다. 조금이라도 책임이나 부담을 지우려 하는 눈치가 보이면 다 철새처럼 날아가 버립니다. 왜 그렇습니까? 교회가 왜 이 세상에 존재하며 자신이 왜 신앙생활을 하는지, 왜 어려움 가운데서도 자신의 책임을 감당해야 하는지 그 이유를 전혀 모르는 채 그저 교회만 왔다 갔다 하기 때문입니다. 그들은 영적으로 생각하지 못하는 사람들입니다. 그들이 하는 말은 너무나 상식적인 수준에만 머물러 있습니다. 그러나 이런 상식으로는 이 세상에 교회를 세울 수도 없고 영적 전투를 치를 수도 없습니다. 그들은 예비병력에 불과합니다. 이렇게 책임지지 않는 사람들을 숫자에 포함시켜서 계획을 세우고 작전을 짜면 반드시 실패하게 되어 있습니다.

하나님이 오늘 우리에게 요구하시는 것이 무엇입니까? 내가 가지고 있는 복잡한 문제들, 집 문제, 자녀 문제, 돈 문제, 직장 문제에 앞서서, 오늘 이 시대에 내가 무엇 때문에 신앙생활 하고 있는지 분명한 자의식을 가지라는 것입니다. 내가 지금 왜 교회에 다니고 있는지, 습관적으로 가는지, 심심해서 가는지, 사람 만나러 가는지 분명히 하라는 거예요. 이것은 아무리 시간이 오래 걸리고 고통스럽다 해도 반드시 물어야 할 질문입니다. 하나님이 왜 나를 이렇게 문제 많은 곳에 살게 하셨는가, 왜 오늘 이런 복잡한 집안에 태어나게 하셨는가, 왜 이런 어려움을 주셨는가, 질문해야 합니다. 그래서 누군가 "당신은 무엇 때문에 오늘 이 시대에 여기 살고 있습니까?"라고 물을 때 분명하게 대답할 수 있어야 합니다.

이것을 모르는 사람은 군사의 숫자에 포함될 수 없습니다. 물론 완벽한 하나님의 뜻은 상당한 길을 걸어가고 난 후 서서히 드러나게 되어 있습니다. 그렇다 해도 지금 나의 수준과 형편에서 하나님이 나에게 원하시는 것이 무엇인가에 대해서는 무수히 질문해서 어느 정도 답을 가지고 있어야 합니다. 그런 정체성이 없는 사람은 진리의 구경꾼에 불과할 뿐, 결코 책임지는 주체로 사용될 수 없습니다. 아무리 똑똑하고 재능이 있는 사람이라도 하나님의 군사 명단에서는 제외되어야 합니다.

무릎을 꿇고 마신 자와 손으로 마신 자

이제 10,000명의 군사가 남았지만 하나님은 아직도 수가 너무 많다고 하시면서, 아무 소리 말고 사람들을 물가로 데려가 물 마시는 방식에 따라 두 편으로 나누라고 하십니다. "여호와께서 또 기드온에게 이르시되 '백성이 아직도 많으니 그들을 인도하여 물가로 내려가라. 거기서 내가 너를 위하여 그들을 시험하리라. 무릇 내가 누구를 가리켜 이르기를 이가 너와 함께 가리라 하면 그는 너와 함께 갈 것이요 내가 누구를 가리켜 말하기를 이는 너와 함께 가지 말 것이니라 하면 그는 가지 말 것이니라' 하신지라. 이에 백성을 인도

하여 물가에 내려가매 여호와께서 기드온에게 이르시되 '무릇 개의 핥는 것 같이 그 혀로 물을 핥는 자는 너는 따로 세우고 또 무릇 무릎을 꿇고 마시는 자도 그같이 하라' 하시더니 손으로 움켜 입에 대고 핥는 자의 수는 300명이요 그 외의 백성은 다 무릎을 꿇고 물을 마신지라"(7:4-6).

아마 기드온은 남은 군사의 수를 헤아리느라 많은 시간을 보냈을 것입니다. 전쟁을 하기도 전에 3분의 2가 넘는 사람들이 싸우기 싫어서 돌아갔습니다. 이것은 남은 사람들에게 얼마든지 나쁜 영향을 줄 수 있었습니다. 아마 이때는 날씨도 더워서 사람들은 대단히 목이 말랐던 것 같습니다.

하나님께서는 군사들을 물가로 데려가 물을 마시게 하라고 명령하셨습니다. 그러나 물을 마시는 이 일 역시 군사를 선발하시는 하나님의 시험이었습니다. 하나님은 기드온이 선입견을 가지지 못하도록 어떤 사람을 선발할 것인지에 대해서는 일제 말씀하지 않으셨습니다. 단지 무릎을 꿇고 혀로 핥아서 물을 마시는 사람과 무릎을 꿇지 않고 손으로 떠서 마시는 사람을 구분하라고 하셨을 뿐입니다. 무릎을 꿇고 마신 사람은 9,700명이었고, 손으로 물을 떠서 마신 사람은 300명이었습니다. 우리라면 어느 쪽을 택하겠습니까? 당연히 9,700명 쪽이지요. 그러나 하나님은 놀랍게도 9,700명을 포기하시고 300명을 선택하셨습니다.

이렇게 하신 이유가 무엇이겠습니까? 사실 군인이 무릎을 꿇고 혀로 물을 핥아먹었다고 해서 큰 잘못을 저지른 것은 아닙니다. 또 율법에 무릎을 꿇고 물을 마시면 안 된다는 조항이 있는 것도 아닙니다. 어떤 학자는 이 일을 두고 군인으로서 충분한 경계 자세를 취하지 않았기 때문에 선발되지 못했다고 해석합니다. 군인은 아무리 목이 말라도 군인으로서 절도가 있는 법이며, 특히 전쟁터에서는 항상 적을 경계하는 자세를 갖추고 있어야 하는데 아무 생각 없이 무릎을 꿇고 물을 마셨기 때문에 자격이 없다는 것이지요. 그런데 유대 랍비들은 이와 다르게 흥미로운 해석을 제시합니다. 물을 마시기 위해 무릎을 꿇는 사람이라면 분명히 우상 앞에 무릎을 꿇고 절한 적이 있는 자라는 것입니다. 그렇지 않다면 어떻게 하나님의 백성들이 고작 물을 마시기 위해 무릎을 꿇을 수 있느냐는 거예요. 반면에 이것은 특별한 의미가 있는 방법이 아니라 다만 소수를 선택하기 위해 마치 제비 뽑듯이 택한 방법에 불과하다고 해석하는 사람도 있습니다.

 물론 물을 마실 때 무릎을 꿇고 마셨느냐 손으로 떠서 마셨느냐가 그리 중요하지 않을 수도 있습니다. 그러나 이런 예를 한번 생각해 봅시다. 더울 때 운동장에서 공을 차던 아이들은 쉬는 시간에 물을 마시려고 수도로 달려갑니다. 그 중에는 수도꼭지에 입을 들이대고 마시는 아이가 있는가 하면 두 손으로 물을 받아서 마시는 아이도 있습니다. 경기가 다 끝난 후에는 이렇게 마시든 저렇게 마시든 크게 상관이 없습니다. 그러나 경기가 아직 끝나지 않았다고 생각해 보십시오. 전반전이 끝난 상황에서 마음껏 물을 마신 아이는 경기가 재개되었을 때 배가 출렁거려서 제대로 뛰지 못할 것입니다. 더울 때 축구를 해 본 사람은 이것이 어떤 상황인지 이해할 것입니다. 후반전에 뛰어야 할 사람은 입만 좀 헹구든지 물을 마셔도 약간만 마셔야 합니다. 목이 마르다고 해서 배가 터지게 물을 마시면 제대로 뛸 수가 없습니다. 이스라엘 백성들은 아직 전쟁을 시작하지도 않았습니다. 이제 곧 전쟁을 하러 가야 합니다. 그런데 앞으로 싸울 일은 생각지도 않고 입을 물에 들이대고 꿀꺽꿀꺽 양껏 마신 사람은 막상 전쟁터에 나갈 때는 몸을 움직이기가 몹시 둔할 것입니다.

군대생활을 해 본 사람은 작전 나갈 때 수통에 물을 넣어 가는 일이 아주 중요하다는 것을 압니다. 작전을 수행하다 보면 물을 구할 수 있는 곳이 생각만큼 많지 않기 때문입니다. 그런데 선배들이 하는 말이 무엇입니까? 물을 한꺼번에 많이 마시지 말라는 것입니다. 그러면 오히려 갈증이 더 심해지고 배가 무거워져서 구보나 행군이 어려우니 그저 입술만 적시라는 거예요. 그리고 물 대신 소금을 조금씩 먹으라고 합니다. 그러나 미련한 병사들은 한꺼번에 물을 다 마셔 버리거나 심지어 수통의 물을 쏟고 막걸리나 소주를 몰래 넣어 가기도 합니다. 그런 병사들은 전쟁에 대비하는 마음가짐이 아니라 소풍 가는 심정으로 작전에 임하는 것입니다.

하나님이 기드온의 용사들을 물 마시는 방법으로 구분하신 이유가 무엇입니까? 기왕 전쟁하러 나온 사람들이라면 끝까지 헌신하는 자를 택하여 사용하시겠다는 것입니다. 목이 마르다고 해서 절제하지 않고 배 터지게 물을 마시는 사람은 전쟁터에 데려가면 안 됩니다.

실제로 이 전쟁의 승패는 후에 물 문제로 판가름이 납니다. 얼마나 자기 자신과 싸워 이기느냐로 판가름이 났어요. 기드온이 미디안의 주력부대를 공격해서 격파했을 때 패잔병들 가운데 상당한 힘을 가진 세바와 살문나가 부하들과 함께 도망을 칩니다. 기드온과 300명의 용사들은 먹지도 못하고 마시지도 못한 상태에서 끝까지 그들을 추격해서 잡아옵니다. 이 300명이 목이 마르다고 해서 실컷 물을 마시는 사람들이었다면 아마 도중에 포기하고 말았을 것입니다.

결국 하나님은 이 전쟁에서 프로를 사용하시겠다는 것입니다. 아마추어와 프로의 차이가 무엇입니까? 프로는 밥벌이로 일하는 것이므로 그 일에 전적으로 매달리지만, 아마추어는 해도 그만, 안 해도 그만이라고 생각한다는 점이 다릅니다. 마귀는 하나님의 일을 방해하는 데 프로입니다. 그 일에 전적으로 헌신하고 있어요. 그러나 하나님의 백성들은 하나님의 일을 해도 그만, 안 해도 그만인 것으로 생각할 때가 많습니다.

하나님은 자기 백성이 옳다고 판단된 일에 군소리 없이 끝까지 헌신하기를 원하십니다. 누가 그렇게 할 수 있습니까? 자기 욕망을 절제할 수 있는 사람이 그렇게 할 수 있습니다. 당장 목이 말라도 물을 많이 마시면 몸이 둔해진다는 것을 알고 손으로 물을 떠서 입만 축일 줄 아는 사람들을 하나님은 사용하십니다. 결국 이 사소해 보이는 물 문제가 최종적인 승리를 결정합니다. 용사를 쓰러뜨리는 것은 큰 문제가 아닙니다. 아주 사소한 문제가 결정타를 가합니다.

그렇다면 이 300명은 어떻게 물을 마시는 이 작은 일에서까지 절제하고 충성할 수 있었을까요? 아마도 이 전쟁의 성격을 알았기 때문일 것입니다. '무슨 일이 있어도 이번에는 이겨서 미디안을 몰아내야 한다. 나는 이 일에 끝까지 사용되어야만 한다'는 굳은 마음이 목이 말라도 양껏 마시지 않도록 그들을 절제시켰을 것입니다.

하나님이 주시는 확신

기드온은 어떤 사람입니까? 돌다리도 두드려 보고 건너는, 아주 내성적이면서 완벽주의자에 가까운 사람입니다. 그런데 아무리 하나님의 명령이라고는 하지만, 자기 눈앞에서 거의 대부분의 백성들이 돌아가고 달랑 300명만 남았을 때 그 심정이 어떠했을까요? 아마 그도 사람이었기 때문에 하나님이 하시는 일을 이해할 수 없었을 것이고, 낙심하며 자포자기하는 마음이 생겼을 것입니다. 하나님께 왜 이렇게 하시느냐고 항의하면서 이번 전쟁은 못 하겠다고 사표 던지고 집으로 돌아가고 싶은 마음이 솟구쳤을 거예요. 미디안과 싸우겠다고 모인 사람들은 이제 거의 다 돌아갔습니다. 남은 사람이라고는 물을 손으로 떠 마신 300명뿐입니다. 아니 적과 싸우는데 물을 손으로 떠 마시든 머리를 처박고 마시든 무슨 상관이 있습니까? 한 사람이라도 더 남겨서 적군 하나라도 더 죽여야 이길 수 있는 것 아닙니까? 하나님의 군사 선발 방식은 기드온에게 큰 위기가 될 수 있었습니다.

그때 하나님께서 기드온에게 말씀하셨습니다. "이 밤에 여호와께서 기드온에게 이르시되 '일어나 내려가서 적진을 치라. 내가 그것을 네 손에 붙였느니라. 만일 네가 내려가기를 두려워하거든 네 부하 부라를 데리고 그 진으로 내려가서 그들의 하는 말을 들으라. 그 후에 네 손이 강하여져서 능히 내려가서 그 진을 치리라'"(7:9-11상).

지금 기드온은 어떤 상태에 있습니까? 머리로는 하나님이 하시는 일에 동의하지만 마음속에는 자꾸 불신앙의 기운이 솟아오르고 있습니다. '도대체 이게 무슨 짓이람? 어떻게 300명으로 십수만 명과 싸우라는 거야? 차라리 나가서 자살하라고 하지!' 이런 불신앙적인 생각과 분노가 자꾸 솟아오르고 있어요. 그때 하나님께서는 적진에 내려가 그들이 하는 말을 직접 들어 보라고 하십니다. 기드온은 그 말씀에 따라 적진에 내려갔다가 정말 마음을 뭉클하게 만드는 말 한마디를 듣습니다.

기드온이 먼저 확인한 것은 이 전쟁이 장난이 아니라는 것입니다. "기드온이 이에 그 부하 부라를 데리고 군대가 있는 진가에 내려간 즉 미디안 사람과 아말렉 사람과 동방의 모든 사람이 골짜기에 누웠는데 메뚜기의 중다함 같고 그 약대의 무수함이 해변의 모래가 수다함 같은지라"(7:11 하-12). 기드온은 자신이 싸워야 할 대상은 결코 약한 자들이 아니며 해변의 모래처럼 많다는 것을 자기 눈으로 직접 확인했습니다.

그런데 중요한 것은 한 미디안 군인이 자기 친구에게 말한 꿈 이야기였습니다. "기드온이 그곳에 이른즉 어떤 사람이 그 동무에게 꿈을 말하여 이르기를 '내가 한 꿈을 꾸었는데 꿈에 보리떡 한 덩어리가 미디안 진으로 굴러들어와서 한 장막에 이르러 그것을 쳐서 무너뜨려 엎드러뜨리니 곧 쓰러지더라.' 그 동무가 대답하여 가로되 '이는 나른 것이 아니라 이스라엘 사람 요아스의 아들 기드온의 칼날이라. 하나님이 미디안과 그 모든 군대를 그의 손에 붙이셨느니라' 하더라"(7:13-14).

여기서 기드온을 뭉클하게 한 말이 무엇이었을 것 같습니까? 바로 "보리떡"이었습니다. 보리떡은 떡 중에서도 가장 맛이 없고 볼품이 없어서 사람들에게 사랑받지 못하는 떡이었습니다. 보리떡은 기드온의 자의식 속에 깊이 자리잡고 있는 자아상이었습니다. 기드온은 늘 자기 자신을 별 볼일 없는 보리떡 같은 사람이라고 생각했습니다. 이 보리떡을 우리 식으로 표현하면 '개떡'입니다. 우리는 기분 나쁜 일이 있으면 "개떡 같다"고 하면서 불평을 하지요.

하나님의 백성들은 어떤 사람들입니까? 다 보리떡 같고 개떡 같은 사람들입니다. 하나님은 그들이 교만을 버리고 하나님 앞에 무릎

끓게 하시기 위해 중요한 부분 하나씩을 고장나게 해서 사회적인 장애인으로 만드십니다. 어떤 사람은 공부를 못 하게 하십니다. 어떤 사람은 결혼을 시키지 않으십니다. 또 어떤 사람은 자녀에게 문제가 생기게 하시고 어떤 사람은 몸이 병들게 하십니다. 물론 마음속에는 하나님이 주신 말씀의 기쁨이 있습니다. 그러나 사회적으로는 완전히 장애인이 되어 버렸습니다. 말씀으로 돌아가는 그 과정에서 세상과는 너무나 동떨어진 사람이 되고 말았습니다. 한마디로 개떡이 된 것입니다. '내가 과연 이 세상에서 재기할 수 있을까?' 이것이 보리떡의 문제이고 개떡의 고민입니다.

사람들은 언제 은혜를 받습니까? 말씀이 자기 속 깊숙히 감추어져 있던 부분을 건드릴 때 눈물을 흘리며 마음을 엽니다. 사람들은 마치 잘 포장해 놓은 상품 같습니다. 그 안에 무엇이 들어 있는지 아무도 모릅니다. 그런데 어느 날 하나님의 말씀이 그 깊숙한 곳에 들어가 아무도 모르는 깊은 자아의 상처를 건드릴 때, 마음이 열리고 뜨거워지면서 눈물이 흐르게 되어 있습니다.

기드온이 은혜를 받은 것은 하나님이 두려워 떠는 자는 길르앗을 떠나라고 하셨을 때가 아니었습니다. 이스라엘 사람들을 물가로 데리고 가서 그들을 시험하라고 하셨을 때도 아니었고, 수많은 미디안 사람들이 진을 치고 누워 자는 광경을 보았을 때도 아니었습니다. 이 모든 것들은 아직 기드온 자신과는 아무 상관없는 일처럼 느껴졌습니다. 그의 마음을 활짝 열리게 만들고 뜨거워지게 만든 것은

"보리떡"이라는 이 말 한마디였습니다.

보리떡은 바로 자기 자신에 대해 생각할 때 떠오르던 이미지였습니다. '나는 쓸모없는 인간이야. 나는 제대로 할 수 있는 일이 아무것도 없어. 이번 싸움에서도 틀림없이 실수나 하겠지.' 그런데 그의 귀에 바로 이 보리떡 이야기가 들려온 것입니다. 그 미디안 군사는 보리떡 한 개가 굴러오더니 장막을 무너뜨렸다고 했습니다. '뭐, 보리떡이라고? 보리떡은 바로 난데?' 이때 기드온이 깨달은 것이 무엇입니까? '하나님이 보리떡 같은 나를 사용하시는구나!' 하는 것입니다. 그러자 갑자기 마음이 뜨거워지면서 모든 의심과 두려움의 구름은 사라지고, 하나님이 자신과 함께하신다는 강력한 확신이 생겼습니다.

우리는 언제 은혜를 받습니까? 내 속에 있는 깊은 상처를 말씀으로 치료받을 때입니다. 우리 마음속에는 '나는 안 돼. 나는 아무것도 할 수 없어 이번에도 나는 분명히 실패하고 말 거야' 하는 패배주의가 늘 도사리고 있습니다. 우리는 그런 패배주의를 겸손이라고 생각할 때가 많습니다. 그러나 그것은 겸손이 아니라 불신앙입니다. 우리는 자꾸 '내가 달라져야 무언가 할 수 있다'고 생각합니다. 그러나 하나님은 보리떡 상태 그대로 사용하십니다. '하나님이 보리떡 같은 나를 쓰시는구나. 고장난 이 상태 그대로 쓰시는구나' 하는 이 확신이 찾아올 때 우리는 은혜를 받습니다.

꿈을 꾼 군사의 동무는 이 꿈을 어떻게 해몽했습니까? "이는 다른 것이 아니라 이스라엘 사람 요아스의 아들 기드온의 칼날이라."무슨 뜻입니까? 이미 미디안 사람들의 의식 속에는 기드온이 여호와의 칼날로 인식되기 시작했다는 것입니다. 어떻게 한 사람 안에 이렇게 상반된 두 가지 이미지가 공존할 수 있습니까? 보리떡은 가장 둔하게 느껴지는 이미지입니다. 반면에 칼날은 가장 날카롭고 예민한 이미지입니다. 기드온이 하나님 앞에 보리떡 같으면 같을수록 미디안 사람들에게는 날카로운 칼날로 느껴졌습니다.

아마 이런 인식은 기드온이 바알의 제단을 부순 일에서부터 비롯된 것 같습니다. 가나안 땅에서 감히 바알의 제단을 부순 자는 이제껏 없었습니다. 그러나 기드온은 바알의 제단을 부수었고 아세라 상을 찍어서 불때 버렸습니다. 이 일이 있고 난 후부터 "이스라엘 사람 요아스라는 사람의 아들이 있는데 그는 칼날 같은 사람이다. 바알을 죽이고 아세라를 땔감으로 만들었다"는 소문이 입에서 입으로 퍼지기 시작했던 것 같습니다. 그러면서 "그는 귀신 같은 자로서 동에 번쩍 서에 번쩍 하는 신출귀몰한 인물"이라는 식의 말들이 덧붙여졌을 수도 있습니다.

놀라운 점은 이처럼 기드온이 자신에 대해 생각하는 바와 다른 사람이 기드온에 대해 생각하는 바가 너무나도 달랐다는 것입니다. 기드온은 세상적인 관점에서 자신을 보잘것없는 보리떡으로 보았습니다. 그러나 막상 세상 사람들에게는 칼날 같은 인물로, 조그만 불의도 참지 못하는 진리의 사도로 인식되고 있었습니다.

보리떡과 칼날은 많은 차이가 있습니다. 칼날로 보리떡을 자를 수야 있겠지만, 그 밖에는 전혀 연결되는 바가 없는 별개의 이미지입니다. 그러나 하나님의 말씀대로 살려고 하는 자는 바로 이 두 가지 상반된 이미지를 가지게 됩니다. 본인은 하나님과 세상 사람들 앞에서 보리떡 같은 천덕꾸러기라고 생각합니다. 그래서 거울을 볼 때마다 "거울아, 거울아, 너도 내가 한심하지? 나도 내가 한심해" 하고 한탄합니다. 그런데 다른 이들은 그에게서 칼날 같은 인상을 받습니다. 무엇보다 그는 불의를 참지 못하는 사람으로 비쳐집니다. 칼날같이 보이려고 일부러 노력해서가 아니에요. 다른 사람들이 먼저 그런 느낌을 받고 겁을 집어먹습니다. '그 사람은 불꽃 같은 눈을 가지고 있어. 그 사람을 만나려면 죽을 각오를 해야 해'라는 생각이 퍼져 나갑니다.

그런데 오늘 우리의 상황은 어떻습니까? 저는 우리의 칼날이 많이 무뎌졌다고 생각합니다. 상황이 던지는 질문 속에서 어떻게든지 상식적인 답을 얻어 내려고 애를 쓰다 보니 여호와의 칼날은 무뎌져 버리고 말았습니다. 교회는 사람들이 약하고 아직 준비되어 있지 않다는 이유로 타협하지 말아야 할 사안들의 기준을 너무 낮추어 버렸습니다. 이제는 다시 여호와의 칼날을 갈아야 합니다. 어떻게 이 칼날을 날카롭게 갈 수 있습니까? 역시 보리떡은 보리떡다울 때 제구실을 할 수 있는 법입니다. 보리떡이 생크림케이크 행세를 하려고 들면 여호와의 칼날은 무뎌지게 되어 있습니다. 다른 사람 흉내

낼 것 없이 내가 옳다고 생각하는 진리를 굳게 붙들고 끝까지 버틸 때, 그 칼날에서는 바람 소리가 나게 될 것입니다.

상식으로는 악과의 싸움에서 이길 수 없습니다. 하나님과 악의 싸움, 그리스도와 죄의 세력 간의 싸움이 벌어질 때는 반드시 그리스도가 오셔야 합니다. 우리 힘으로는 이길 수 없습니다. 따라서 우리는 더 기도해야 합니다. 우리의 기도에 더 뜨거운 외침이 나와야 하고 더 뜨거운 울음이 터져야 합니다. 오늘 우리의 싸움은 단순히 어떻게 먹고 살 것이냐 하는 것이 아닙니다. 믿음을 가지고서도 이 세상에서 살 수 있느냐 없느냐 하는 싸움입니다. 물론 평소에는 건전한 상식을 사용해야 합니다. 그러나 이 싸움에서도 상식적으로 판단하려는 사람은 교회를 망칠 것입니다.

주님은 최소한 믿음이 무엇이며 우리가 왜 교회에 다니는지, 왜 이런 싸움을 해야 하는지 정도는 알고 있기를 원하십니다. 아무 스트레스 없이 편하게 믿으려 하는 자는 길르앗 싸움에 적합지 않습니다. 그런 사람은 군사의 숫자에 포함될 수 없습니다.

하나님의 전쟁에 나가는 사람은 자신을 절제할 수 있어야 합니다. 목마르다고 양껏 물을 마시면 안 돼요. 싸움에 대비해서 입만 축일 줄 알아야 합니다. 그래야 나중에 며칠 동안 먹지 못하고 마시지 못해도 끝까지 쫓아가서 세바와 살문나를 잡아올 수 있습니다. 자신을 절제하지 못하는 사람은 부름받은 목적에 끝까지 헌신하지 못하고 중도에 포기하고 말 것입니다.

  자신을 보리떡이라고 생각하고 있습니까? 하나님은 보리떡 사용하기를 기뻐하십니다. 오히려 우리는 보리떡다워질수록 더 날카로운 여호와의 칼날로 사용될 수 있습니다.

5
기드온의 전쟁

> ······나팔을 불며 항아리를 부수고 좌수에 횃불을 들고 우수에 나팔을 들어 불며 외쳐 가로되 "여호와와 기드온의 칼이여!" 하고······
> 사사기 7:15-25

　최근 인도네시아에서 돌아온 교민들이나 주재원들의 말에 따르면 지옥이 따로 없다고 합니다. 그들은 인도네시아를 빠져나오려고 돈을 다발로 가지고 있다가 사람들이 덤벼들려고 할 때마다 뿌려 가며 위기를 모면해야 했습니다. 이런 폭동이나 반정부 시위는 전부 수하르토 대통령의 오랜 독재에서 비롯된 것입니다. 실제로 인도네시아의 중요한 산업과 시설들은 거의 대부분 수하르토의 가족들 소유로 되어 있습니다. 이 폭동으로 인해 인도네시아에는 수백 명의 사상자들이 생겼습니다. 그러나 이 사상자들은 시위 진압 과정에서 생긴 것이 아니라, 백화점을 약탈하기 위해 사람들이 이미 들어가 있는 상태에서 나중에 들어간 약탈자들이 불을 지르는 바람에 생겼다고 합니다. 이런 현상은 현재 인도네시아의 혼란이 어떤 뚜렷한 방향을 향해 진행되는 것이라기보다는 누적된 불만의 폭발로서, 앞으로도 상당 기간 동안 이 혼란에서 벗어날 수 없으리라는 것을 보여 줍니다.

우리가 사사기 7장 후반부에서 보게 되는 것은 기드온과 300명의 용사가 나팔과 횃불만 가지고 미디안의 군대 십수만 명을 혼란과 공포의 도가니에 빠뜨려 자멸시킴으로써 엄청난 승리를 얻는 장면입니다. 그런데 기드온의 군사들이 무장한 모습을 보면 도무지 전쟁하러 나가는 사람들 같지가 않습니다. 오히려 야간에 무슨 데모 하러 나가는 사람들 같아요. 그들은 칼이나 창 대신 작은 항아리를 하나씩 들고, 그 안에 나팔과 횃불을 감추었습니다. 그들의 무기는 이 횃불과 나팔, 항아리가 전부였습니다. 그러나 그들은 살상 능력이 전혀 없는 이 무기들을 가지고 미디안의 엄청난 군대를 극도의 혼란에 빠뜨려 무너뜨렸습니다.

오늘날 사람들은 우리의 정신이 삶에 얼마나 중요한 영향을 미치는지 잘 생각하지 않습니다. 정신보다는 먹고 사는 일과 사회적인 지위를 더 중요하게 생각하지요. 물론 아무 일 없이 만사가 정상적으로 돌아가고 있을 때에는 정신이 별로 중요해 보이지 않습니다. 그보다는 연봉을 얼마나 받으며 직장에서 얼마나 높은 직책에 올라가느냐가 더 중요해 보일 것입니다. 그러나 예기치 못한 위기가 닥쳤을 때에는 연봉이나 사회적 직책이 아무 의미를 갖지 못합니다. 그 위기에서 벗어나느냐 벗어나지 못하느냐를 좌우하는 것은 결국 정신력입니다. 자기 마음과 생각을 얼마나 다스릴 수 있느냐가 문제인 것입니다.

요즘 피해의식에 시달리는 사람들이 점점 많아지고 있습니다. 해치려는 사람이 아무도 없는데도 본인은 항상 누군가에게 감시당하고 있고 쫓기고 있다고 생각합니다. 이 증상이 보여 주는 바가 무엇입니까? 그의 정신은 병들어 있으며 따라서 예기치 못한 돌발 사태가 일어나기라도 한다면 한순간에 자멸할 수밖에 없다는 것입니다. 그는 스스로의 힘으로는 살 수 없습니다. 늘 누군가의 보호와 상담을 받아야 합니다. 물론 그렇게까지 병적인 증세를 나타내는 사람들은 많지 않지만, 잠재적으로는 거의 대부분의 사람들이 어느 정도의 피해의식과 우울증 증세를 가지고 있는 것이 오늘의 현실입니다. 아직 어려운 일이 닥치지 않았기 때문에 편안하게 지내고 있을 뿐이지, 명예퇴직이라든지 부도 같은 위기에 직면하게 되면 당장이라도 자멸하고 말 사람들이 많습니다.

오늘 말씀은 우리가 하나님께 붙어 있는 것이 얼마나 큰 축복이며 어려운 환난이 닥쳤을 때 얼마나 든든한 보호책이 되는지 잘 보여 주고 있습니다.

기드온의 확신

기드온은 전쟁에 나가기 전에 최종적으로 적진을 염탐하러 갔다가 적군들이 주고받는 꿈 이야기와 그 꿈에 대한 해석을 듣고 승리의 확신을 얻습니다. "기드온이 그 꿈과 해몽하는 말을 듣고 경배하고 이스라엘 진중에 돌아와서 이르되 '일어나라! 여호와께서 미디안 군대를 너희 손에 붙이셨느니라' 하고"(7:15).

기드온이 300명으로 십수만 명에 이르는 미디안 군대와 싸워서 전멸하지 않는 것은 물론 승리까지 할 수 있다는 확신을 얻은 것은 적의 입에서 흘러나온 꿈 이야기를 들었을 때였습니다. 여기에서 생각해 볼 문제가 하나 있습니다. 우리에게 확신이 되고 은혜가 되기만 한다면 언제 어떤 사람의 입에서 나온 말이라도 하나님의 말씀으로 간주해도 됩니까? 적의 입에서 나온 꿈 이야기를 하나님의 뜻으로 받아들여도 됩니까? 우리도 기도온처럼 양털 한 뭉치를 놓고 다음날까지 축축해지면 하나님의 뜻으로 알겠다는 식으로 기도해도 괜찮습니까?

한번 생각해 보십시오. 기드온이 밤에 적진에 가서 들은 것은 단 두 사람의 이야기에 불과했습니다. 미디안 사람 전체의 의견이 아니었어요. 단 두 사람이 나누는 꿈 이야기를 우연히 들은 것일 뿐입니다. 그런데 기드온은 이것을 하나님이 주시는 확신으로 알고, 군사들에게 일어서라는 명령을 내립니다. 만일 이것이 하나님의 뜻이 아니고 착각이라면 300명의 용사들은 그야말로 개죽음을 당하는 것이 아닙니까? 이처럼 나에게 은혜가 된다고 해서 누가 하는 말이든 하나님의 뜻으로 믿어도 됩니까? 정말 형편없는 저질 부흥사가 와서 떠들어 대는 말인데도 나한테 은혜가 되고 확신이 된다면 하나님의 뜻으로 받아들여도 됩니까?

그렇지 않습니다. 우리는 결코 그런 식으로 하나님의 뜻을 확인해서는 안 됩니다. 그것은 하나님을 시험하는 것입니다. 우리는 기드온의 경우에서 하나님의 말씀을 듣는 일과 그 말씀에 확증을 얻는 일을 구별할 필요가 있습니다. 기드온은 일어나 미디안 사람을 치라는 말씀을 하나님께 직접 들었습니다. 그는 미디안을 치는 것이 하나님의 뜻인지 아닌지 스스로 판별하려고 마치 점을 치듯이 양털 뭉치를 놓은 것이 아니었습니다. 또 미디안 군사의 꿈 이야기를 듣고서야 비로소 미디안을 치는 것이 하나님의 뜻이라고 깨달은 것도 아니었습니다. 그는 일어나서 미디안을 치라는 말씀을 하나님의 입에서 직접 들었습니다.

하나님의 말씀은 다른 것으로 전달되지 않습니다. 하나님이 정하신 계시의 통로로 전달됩니다. 구약 시대에는 아주 능력 있는 꿈이나 환상을 통해 말씀하셨고, 오늘날에는 기록된 말씀의 해석과 적용을 통해 말씀하십니다. 그런데 문제가 무엇입니까? 내가 들은 말씀과 눈앞의 현실 사이에 너무 엄청난 차이가 있다는 것입니다. 기드온이 300명으로 십수만 명을 친다는 것이 현실적으로 불가능한 일이었던 것처럼 내가 붙든 말씀을 현실에 적용한다는 것이 아주 불가능해 보일 때가 많습니다. 그럴 때 무모하게 덤벼들어서 실패한 사람이 한둘이 아니에요. 우리는 하나님의 때를 기다려야 하고 그분이 그 일에 개입하시게끔 해야 합니다.

하나님의 말씀을 듣는 것과 그 말씀에 확증을 얻는 것은 다른 일입니다. 군인들이 일반적으로 교육을 받는 것과 실제로 진격 명령을 받는 것이 다른 일인 것과 마찬가지입니다. 군인들은 평상시에 정신 교육을 받습니다. 장교나 중대장이 사병들을 모아놓고, 전투가 벌어지면 절대 뒤로 물러서지 말고 끝까지 싸워서 적을 물리쳐야 한다고 항상 교육을 시킵니다. 그러나 이런 교육을 받았다고 해서 실제로 전쟁터에서 진격 명령이 떨어졌을 때 교육받은 대로 할 수 있는 것은 아닙니다.

자신에 대한 하나님의 뜻을 알고 있다 해도 막상 눈앞에 어려움이 닥치고 현실의 벽에 부딪쳐 보면, 그 뜻대로 실천한다는 것이 꼭 자살 행위처럼 느껴집니다. 도저히 감당할 자신이 없어요. 그럴 때 우리는 하나님께 매달리면서 기도할 수 있습니다. "저는 믿음이 없습니다. 그저 이 현실에서 도망치고 싶은 마음뿐입니다. 다 때려치우고 도망치고 싶습니다. 하나님, 다시 한 번 이 말씀에 인을 쳐 주십시오! 다시 한 번 확증해 주십시오!" 기드온은 양털 뭉치나 미디안 군사의 꿈을 통해 하나님의 말씀을 새로이 들은 것이 아닙니다. 이미 들은 하나님의 말씀에 도장을 받았을 뿐입니다.

이런 하나님의 확증은 아주 다양하게 나타납니다. 말씀은 하나지만 말씀을 확증해 주시는 방식은 여러 가지입니다. 예를 들어 다른 사람의 입을 통해 내 속에 있는 불안을 다 말씀하심으로써 내 마음을 이미 알고 계시다는 사실을 보여 주실 때가 있습니다. 그럴 때 '하나님이 내 속의 어려움을 다 알고 계시는구나! 하나님이 알고 계신다면 내 어려움은 끝난 거나 다름없구나!'라는 뜨거운 확신을 갖게 되지요.

또 때로는 물리적인 것을 통해 확인해 주시기도 합니다. 기드온처럼 양털이 마르거나 젖는 일을 통해, 또는 내가 필요한 돈이 10원 단위까지 정확하게 채워지는 일 등을 통해 확증을 주십니다. 그러면 갑자기 마음속에 용기가 생기면서 '눈에 보이는 상황은 전혀 변하지 않았지만 이 어려움은 끝났다'는 확신이 찾아옵니다.

더 놀라운 것은 나를 가장 못살게 구는 적의 입을 통해 하나님이 그들의 마음을 지배하고 계심을 보여 주시는 경우입니다. 때로는 하나님을 전혀 모르는 사장에게서 도움이 오기도 하고, 나를 계속 괴롭혀 온 사람이 사실은 나를 엄청나게 두려워하고 있다는 말을 우연히 엿듣게 되기도 합니다. 그러면 기드온처럼 하나님이 원수들의 마음뿐 아니라 그들의 잠재의식까지 주장하심을 깨닫고 모든 두려움을 떨쳐 버리게 되지요.

기드온이 이처럼 여러 차례에 걸쳐서 구하고 있는 바가 무엇입니까? 그는 하나님의 뜻을 시험하려던 것이 아닙니다. 하나님의 뜻은 이미 알고 있습니다. 그러나 자신이 없습니다. 도망치고 싶습니다. 왜 자신에게 이런 일이 주어졌는지 부담스럽습니다. 그래서 하나님께 한 번만 더 인쳐 달라는 것입니다. 한 번만 더 확인해 달라는 것입니다. 그러자 하나님은 예기치도 못했던 아버지 요아스의 도움과 양털의 표적을 통해, 심지어 적들의 꿈과 해석까지 사용하여 마치 온 세상이 하나님의 칠판인 것처럼, 온 세상이 하나님의 화면인 것처럼 그 응답을 충만하게 보여 주셨습니다.

평상시에는 하나님의 말씀을 논리적으로 추론하여 적용함으로써 얼마든지 어려움을 이겨 낼 수 있습니다. 그러나 절대 시행착오를 겪어서는 안 될 문제에 부닥쳤을 때, 많은 이들의 사활이 달린 문제에 부닥쳤을 때는 한 번 더 하나님의 확인을 받아야 하고 결재를 받아야 합니다. 너무 큰 어려움은 머리로만 감당할 수 없습니다. 그때에는 온몸으로 하나님의 뜻을 붙들어야 합니다.

만약 하나님의 뜻을 붙드는 대신 꿈꾼 미디안 군사니 그 친구를 선지자로 여겨서 계속 그들의 말에 귀를 기울인다면 망할 수밖에 없습니다. 하나님의 뜻은 반드시 하나님의 말씀에서만 찾아야 합니다. 그러나 도저히 살아남을 수 없는 위기에서 싸워야 할 때는 하나님의 인침을 구할 필요가 있습니다. 이것은 다시 한 번 나의 능력 없음을 고백하고 하나님의 도우심을 간구하는 것이며 하나님의 때와 역사를 간구하는 것이기 때문에 하나님을 시험하는 일이 아닙니다. 오히려 믿음의 결전을 치를 때 반드시 필요한 일입니다.

기드온 군대의 무장

 야간에 침투 작전을 수행하는 군인들의 모습을 영화나 텔레비전 뉴스에서 본 적이 있을 것입니다. 야간 침투 요원들은 모두 위장복을 입고 얼굴과 손에 검은 숯을 칠합니다. 그리고 적군과 아군을 구분하기 위해 철모나 팔뚝에 흰색으로 띠를 두르고, 행동 규칙과 암호를 철저하게 숙지해 놓습니다. 밤에는 적군과 아군이 잘 구분되지 않기 때문에 암호를 잊어버리면 아군의 손에 죽을 수도 있습니다. 그러니까 아무리 머리 나쁜 사람도 암호는 외워야 합니다. 또한 그들은 무기와 비상식량 등을 지급받습니다.

 그러나 7장에 나오는 기드온의 군대를 보면 도저히 싸우러 나가는 군대 같지가 않습니다. "300명을 세 대로 나누고 각 손에 나팔과 빈 항아리를 들리고 항아리 안에는 횃불을 감추게 하고 그들에게 이르되 '너희는 나만 보고 나의 하는 대로 하되 내가 그 진가에 이르러서 하는 대로 너희도 그리 하여 나와 나를 좇는 자가 다 나팔을 불거든 너희도 그 진 사면에서 또한 나팔을 불며 이르기를 여호와를 위하라, 기드온을 위하라 하라'"(7:16-18).

 기드온의 군대는 나팔과 횃불로 무장한 군대였습니다. 그들에게는 칼이나 창이 지급되지 않았습니다. 오로지 횃불을 감출 수 있는 빈 항아리만 하나씩 주어졌을 뿐입니다. 지금 물 뜨러 갑니까? 왜 빈 항아리만 들고 나갑니까?

아마 기드온은 끝까지 자신의 믿음을 확인해야만 했을 것입니다. 하나님께서는 싸우겠다고 모인 백성들을 거의 다 돌려보내고 300명만 남기셨습니다. 그리고 진짜 싸우러 갈 때에도 항아리만 주시고, 창이나 칼 한 자루 없이 나팔과 횃불만 그 안에 감추어 나가게 하셨습니다. 이보다 더 위험한 작전이 어디 있습니까? 300명밖에 안 되는 사람들이 밤에 나팔을 불고 횃불을 비추어 자신들의 위치를 노출시킨다는 것은 완전히 개죽음을 당하겠다는 것이나 다름없습니다.

그럼에도 불구하고 기드온은 순종했습니다. 왜 순종했습니까? 오직 하나의 믿음 때문입니다. '하나님의 생각은 내 생각과 다르고 하나님의 길은 내 길과 다르다. 하나님은 나보다 더 지혜로우시다'는 믿음 때문이에요. 이 믿음이 없으면 절대로 끝까지 하나님의 뜻에 순종하지 못합니다. 물론 지금 눈앞에 일어나고 있는 일 자체는 도저히 이해할 수가 없습니다. 그러나 분명한 사실 하나는 하나님이 자신보다 지혜로우시다는 것입니다.

사람들은 항상 어떤 전제나 가정하에 선택을 합니다. 예를 들어 '앞으로 몇 년 간 모든 조건에 변함이 없다면 저 길보다는 이 길이 유리할 것이다' 라는 식으로 판단한 후에 선택하는 것이지요. 이처럼 사람들은 지금의 상황이 변함없이 지속되리라는 가정하에 결론을 이끌어 냅니다. 그러나 하나님 앞에서는 그런 가정이 통하지 않습니다.

하나님이 300명의 용사를 횃불과 나팔로 무장시키신 것은 신약 시대를 살고 있는 우리를 위해서입니다. 사실 아무리 심리전을 쓴다 해도 횃불이나 나팔만 가지고 승리할 수는 없습니다. 그럼에도 불구하고 하나님께서 기드온의 군대를 이렇게 무장시키신 것은, 오늘 우리의 싸움에서 진리의 선포가 얼마나 강력하며 사탄의 역사를 무력화시키기에 부족함이 없는지 보여 주시기 위해서입니다.

나팔과 횃불은 모두 진리를 상징합니다. 물론 그 역할은 조금씩 다릅니다. 횃불은 아무 소리 없이 사실을 사실 그대로 드러냅니다. 때로는 아무 소리 없이 사실을 사실 그대로 드러내기만 해도 엄청난 악의 세력이 저절로 붕괴되는 경우가 있습니다. 그러나 때로는 좀더 직접적으로 나팔을 불어야 할 경우가 있습니다. 사도 바울은 고린도 교회를 향하여 "만일 나팔이 분명치 못한 소리를 내면 누가 전쟁을 예비하리요?"(고전 14:8)라고 묻습니다. 여기에서 나팔 소리는 진리의 선포를 의미합니다.

사실 요즘처럼 사람들이 자기 내면의 감정을 객관적인 사실보다 더 중시했던 때가 없습니다. 그러나 속으로 아무리 생각을 많이 했다 해도, 속으로 매일 만리장성을 열 개씩 쌓았다 해도, 객관적으로 선포된 사실 앞에서는 아무 힘을 갖지 못합니다. 진리는 가리워져 있을 때 힘이 없습니다. 그러나 일단 선포되기만 하면 악의 세력이 더 이상 사람을 속박하거나 속이지 못합니다. 결혼이 성립되려면 물론 두 사람이 사랑의 감정을 가져야 하지만, 더 중요한 것은 많은 증인들 앞에서 두 사람이 부부가 되었다고 선언하는 것입니다. 그 신부를 사랑하는 다른 남자가 아무리 매일 밤 그 창문 밑에 찾아와 노래를 부른다 해도 여러 사람들 앞에서 결혼을 선포했다는 그 사실 앞에서는 아무 힘을 행사하지 못합니다.

하나님께서 기드온을 통해 우리에게 보여 주시는 것이 무엇입니까? 눈에는 보이지 않지만 우리의 삶과 정신을 지배하고 있는 엄청난 악의 세력이 있는데, 그 세력을 몰아내려면 진리를 선포해야 한다는 것입니다. 그래서 사도 바울은 자신은 잡아맬 수 있을지 몰라도 복음은 잡아맬 수 없다고 말했습니다. 복음이 선포되면 사람들은 자신의 가치를 되찾고 하나님이 주신 존귀한 삶으로 돌아오게 되어 있습니다.

'믿음으로 의롭다 하심을 얻는다' 는 하나의 진리가 가리워졌을 때, 무려 1,000년에 이르는 중세 시대 동안 사람들은 종교적인 노예로 살아야 했습니다. 정치적인 노예나 경제적인 노예보다 훨씬 더 무서운 것이 종교적인 노예입니다. 정경유착이 무섭다고 하지만 그보다 훨씬 더 무서운 것이 정치와 종교의 유착입니다. 그런데 루터가 이 말의 의미를 드러냈을 때, 사람은 종교적인 열정이나 행위로 구원받는 것이 아니라 믿음으로 구원받는다는 진리를 선포했을 때, 교회를 지배하고 있던 어둠의 세력은 힘을 잃기 시작했습니다. 마치 냉동실의 스위치를 끌 때 얼어 있던 모든 것이 녹아내리는 것처럼, 믿음으로 의롭다 하심을 얻는다는 진리를 선포했을 때 1,000년 동안 얼어붙었던 세계가 녹아내리기 시작했습니다.

교회는 어떤 곳입니까? 바로 이 하나님의 진리가 선포되는 곳입니다. 교회에서 진리가 제대로 선포되면 미신과 악의 지배와 착취가 있을 수 없습니다. 그래서 교회는 끝없이 진리를 선포해야 합니다. 사람들이 듣기 좋아하든 싫어하든 진리를 선포해야 합니다. 오늘도 우리의 삶을 지배하고 있는 미신들이 많이 있습니다. 서양 사람들은 아직도 13층을 사용하지 않습니다. 그리스도인들도 누가 자기 이름을 빨간색으로 쓰면 불쾌하게 여깁니다. 그러나 진리가 선포되면 4층에 살든 13층에 살든 구애받을 이유가 전혀 없습니다. 내 이름을 빨간색으로 쓰든 초록색으로 쓰든 아무 상관이 없어요.

오늘날 지성인들은 조용한 설교를 좋아하지, 크게 떠들고 소리지르는 설교를 좋아하지 않습니다. 조용히 말해도 다 알아들을 수 있다는 것이지요. 그러나 진리는 큰 소리로 선포될 필요가 있습니다. 우리의 문제는 인식의 문제가 아닙니다. 무엇을 알아듣느냐 못 알아듣느냐의 문제가 아니에요. 다 알면서도 어둠과 무지와 자기 나름대로의 전제에 매여서 하나님이 주신 축복을 누리지 못한다는 것이 문제입니다. 우리는 사람들로 하여금 알아듣게 하기 위해서가 아니라 우리를 속이고 있는 사탄의 세력을 몰아내기 위해서 진리를 선포해야 합니다.

오늘 말씀에서 중요한 것은 기드온이 군사들에게 알려 준 구호입니다. "여호와를 위하라, 기드온을 위하라." 이것이 그들의 구호였습니다. 야간 작전을 수행할 때 구호나 암호를 말하는 것은 자신의 소속을 밝히는 일인 동시에 생명을 지키는 길입니다. 아무리 정신이 없어도 이 구호는 꼭 기억해야 합니다. 밤에는 아군과 적군이 구별되지 않기 때문에 자기 소속을 알릴 수 있는 길은 이런 구호밖에 없습니다. 그런데 기드온 군대의 구호는 "여호와를 위하라, 기드온을 위하라"였습니다.

여기에서 중요한 것은 기드온과 하나님의 이름이 나란히 나온다는 점입니다. 이것은 기드온이 철저하게 하나님께 헌신되었으며 하나님이 지금 그를 오른팔로 사용하고 계신다는 뜻입니다. 하나님과 기드온 사이에는 조그만 틈도 없습니다. 기드온은 하나님의 손에 꽉 붙들려 있으며 그의 말씀에 전적으로 헌신되어 있습니다. 이것이 승리의 비결이었습니다. 기드온은 자기 마음에 있는 불신을 여호와께 잡아맸습니다. 300명의 군사는 자신들의 두려움을 기드온에게 잡아맸습니다. 이것이 그 무서운 밤에 살아남을 수 있었던 비결이었습니다.

그런데 이 구호에 문제가 하나 있습니다. 실제로 전쟁이 터졌을 때는 '칼'이라는 말이 하나 더 붙기 때문입니다. 20절 끝에 보면 "외쳐 가로되 '여호와와 기드온의 칼이여!'"라고 되어 있습니다. 칼을 의미하는 '헤레브'라는 단어가 하나 더 들어가 있는 것입니다. 이것은 보통 심각한 문제가 아닙니다. 군대의 구호는 이런 식으로 한순간에 바뀔 수 없기 때문입니다.

그렇다면 둘 중에 하나입니다. 18절에서 '칼'이라는 단어를 생략하고 기록했든지, 실제로는 20절에도 '칼'이라는 단어가 없는데 해석적인 차원에서 이 말을 넣어 기록한 것입니다. 이 중에 어느 쪽을 생각해 봐도 그렇게 간단히 답이 나오지는 않습니다. 그러나 성경의 원문을 복원하는 원칙 중 하나는 더 조잡하고 단순한 쪽을 원형으로 보는 것입니다. 이 원칙에 따르자면 '칼'이라는 말이 원래 없었는데 해석적인 차원에서 20절에 삽입된 쪽으로 보아야 할 것입니다. 다시 말해서 '하나님과 기드온'이 이스라엘 백성들에게는 생명을 지켜 주는 이름이었지만 미디안 사람들에게는 '칼'처럼 심판하는 이름이었다는 뜻에서 '칼'을 삽입했다고 보는 것이지요.

우리는 상대방의 마음을 상하게 하지 않으려고 꼭 해야 할 말조차 하지 않고 침묵을 지킬 때가 많습니다. 그러면 사탄의 영향력이 독버섯처럼 퍼지게 되어 있습니다. 백성들의 마음을 결박해서 아무 일도 못 하게 만들어요. 우리는 상황이 어려우면 어려울수록 자신의 생각을 있는 그대로 정직하게 말해야 합니다. 그래야 자기를 결박하고 있던 사탄의 끈이 풀어집니다. 아무리 직장 상관이라도 하나님보다 더 높을 수는 없습니다. 자기가 옳게 여기는 것이 무엇이고 옳지 않게 여기는 것이 무엇인지 밝혀야 할 때는 분명히 밝혀야 합니다. 그렇게 하지 않고 인정에 끌려다니다 보면 고생은 고생대로 하고 욕은 욕대로 얻어먹게 되어 있습니다. 왜 그런 바보짓을 합니까? 결정적인 문제가 대두되었을 때 "나는 거기에 동의할 수 없습니다. 내 생각은 다릅니다"라고 선포할 수 있어야 합니다.

선포해야 한다고 해서 아무것도 아닌 일에 고래고래 소리를 질러 가면서 이야기하라는 말이 아닙니다. 그 문제에 대한 자신의 입장을 분명히 밝히라는 것입니다. 자신이 진리라고 생각하는 것을 밝히라는 거예요. 자녀가 자신이 믿는 바를 분명히 이야기하면 부모가 무시하지 못합니다. 아내가 자신이 믿는 바를 정직하게 밝히면 남편이 마구 윽박지르지 못합니다. 하나님은 누군가 하나님의 뜻을 이야기해 주기를 원하십니다. 그리고 그 누군가가 자기 입으로 하나님의 뜻을 대변할 때 성령으로 역사하여 생각지도 못했던 반응과 결과를 얻게 하십니다.

미디안 군대가 무너지다

기드온의 군사가 미디안의 진에 접근했을 때, 미디안 군대도 그 나름대로 경계 태세를 갖추고 있었습니다. "기드온과 그들을 좇은 100명이 이경 초에 진가에 이른즉 번병의 체번할 때라. 나팔을 불며 손에 가졌던 항아리를 부수니라. 세 대가 나팔을 불며 항아리를 부수고 좌수에 횃불을 들고 우수에 나팔을 들어 불며 외쳐 가로되 '여호와와 기드온의 칼이여!' 하고 각기 당처에 서서 그 진을 사면으로 에워싸매 그 온 적군이 달음질하고 부르짖으며 도망하였는데 300명이 나팔을 불 때에 여호와께서 그 온 적군으로 동무끼리 칼날로 치게 하시므로 적군이 도망하여 스레라의 벧 싯다에 이르고 또 답밧에 가까운 아벨 므홀라의 경계에 이르렀으며"(7:19-22).

기드온의 용사들이 하나님의 말씀에 순종하여 항아리를 깨고 나팔을 불며 햇불을 들고 구호를 외쳤을 때 놀라운 일이 벌어졌습니다. 미디안 사람들이 거의 반 미친 상태에서 극심한 두려움과 혼란에 빠져 버린 것입니다. 그들 사이에서는 일종의 발광에 가까운 일들이 일어났습니다. 마치 인도네시아에서 백화점이나 상점을 털려고 들어갔던 약탈자들이 서로를 경찰이나 군인으로 오해하여 불을 지르는 바람에 타 죽은 것과 비슷합니다.

미디안 군사들의 눈에는 자기편이 다 이스라엘 백성들로 보였습니다. 그래서 소리를 지르면서 닥치는 대로 칼로 찔러 죽였습니다. 이스라엘 백성들은 불과 얼마 되지 않는 인원으로 이들을 에워싸면서 계속 구호를 외치고 나팔을 불었습니다. 이들의 구호 소리는 미디안 사람들을 화나게 하는 소리였고 미치게 하는 소리였습니다. "여호와와 기드온의 칼이여!" 하는 소리를 들을 때마다 정말 누군가 자기들을 칼로 찌르는 것 같았습니다. 그 결과 그들은 거의 광적인 혼란의 상태에 빠져 자기들끼리 칼을 휘둘렀습니다.

어떻게 해서 이런 일이 일어나게 되었을까요? 하나님이 미디안 사람들에게서 정상적인 분별력을 빼앗아 가셨기 때문입니다. 폭동은 두려움과 공포 때문에 일어납니다. 당장 무슨 일이 닥칠 것 같긴 한데 정상적인 분별을 할 수 없다 보니, 혼자라도 살기 위해 질서나 명령을 무시한 채 눈에 보이는 대로 빼앗고 죽이고 겁탈하는 것입니다. 이것은 하나님이 세상을 심판하시는 한 가지 방법입니다.

미디안 사람들이 공포와 혼란의 도가니에 빠진 것은 이스라엘 백성들의 목소리나 항아리를 깨는 소리가 유달리 컸기 때문이 아닙니다. 십수만 명이 모여 있는 들판에 고작 300명이 외치는 소리가 그렇게 크게 들렸을 리가 없습니다. 그러나 하나님은 이스라엘 백성들의 작은 목소리와 함께하기를 기뻐하셨습니다.

하나님은 그들의 외침과 함께 손을 들어 미디안 사람들을 심판하기 시작하셨습니다. 염병이나 재앙으로 치신 것이 아닙니다. 마음의 평안과 안정감을 빼앗으시고 불안을 극대화시키셨을 뿐입니다. 어떤 의미에서 하나님은 아무것도 하지 않으셨습니다. 늘 주시던 상식적인 분별력을 한순간만 거두셨을 뿐입니다. 늘 주시던 은혜를 한순간만 거두셨을 뿐입니다. 그런데 그 결과는 지옥이었습니다. 미디안 사람들이 진을 친 곳은 지옥 그 자체라고 할 수밖에 없었어요. 사람들이 그렇게 난폭해질 수가 없었고 그렇게 서로 미워할 수가 없었습니다. 옛날 전쟁의 특징은 군인들만 출동하는 것이 아니라 음식을 만들 아내와 종들과 아이들도 다함께 나간다는 것입니다. 그런데 그들이 거기에서 본 것은 인간의 무서운 잔인함과 난폭함 그 자체였습니다. 아마 거기에서 도망친 사람들은 이구동성으로 "그곳은 지옥이었다!"고 말했을 것입니다.

하나님은 그 백성들의 작은 소리와 함께 일하기를 기뻐하십니다.

그들의 소리가 사람들의 귀에 들리지 않을 만큼 작다 하더라도 하나님은 그 작은 소리를 통해 세상을 살리기도 하시고 심판하기도 하십니다.

기드온과 300명의 용사들이 체험한 것은 여리고 성 심판의 재현이었습니다. 이스라엘 백성들이 여리고 성을 일곱 번 돌고 소리를 쳤을 때 그 소리가 컸기 때문에 여리고가 무너진 것이 아닙니다. 하나님은 이스라엘 백성들의 함성을 심판의 소리로 삼으셨습니다. 그들의 소리에 하나님의 능력을 실어 땅을 흔드셨습니다. 그들이 부르짖었을 때 지진을 일으켜 성을 무너뜨리셨습니다. 이번에도 마찬가지입니다. 300명이 부르짖었을 때 미디안 사람들의 평안과 상식과 기본적인 믿음을 빼앗아 가셨습니다. 그 십수만 명의 사람들을 멸망시키는데 무기 하나 필요치 않았습니다. 오직 평안만 거두셨을 뿐인데 곧장 지옥으로 변해 버렸습니다.

오늘 우리가 경험하고 있는 것이 무엇입니까? 주위 사람들의 마음속에서 평안이 점점 사라지고 있는 것입니다. 다른 사람에 대한 기본적인 신뢰가 사라지고 있습니다. 부부도 서로 믿지 않습니다. 이것은 우리 주위의 세계가 점점 미디안으로 변하고 있다는 것을 보여 줍니다.

하나님은 이런 불신과 불안으로 흔들리는 삶에서 평안의 세계로 오늘 우리를 부르고 계십니다. 그렇게 부르시지 않으면 미디안 사람들과 함께 멸망할 수밖에 없기 때문입니다. 지금 내 마음속에 평안이 없습니까? 계속 불안합니까? 그렇다면 하나님과 바른 관계에 있지 않은 것입니다. 하나님이 손을 거두시면 우리는 곧바로 자멸할 수밖에 없습니다. 내가 살고 있는 방이 한순간에 지옥으로 변할 수 있습니다. 내가 일하고 있는 직장이 한순간에 아비규환으로 변할 수 있습니다.

그리스도인들 중에도 우울증 환자가 많다는 것은 대단히 가슴 아픈 일입니다. 그 원인은 사람마다 다르겠지만, 중요한 한 가지 공통점은 그들이 참으로 하나님의 용서를 믿지 않는다는 것입니다. 머리로는 알고 있지만 감정으로는 받아들이지 않습니다. 아마도 자기 죄를 쉽게 용서하지 않는 것이 하나님 앞에 정직한 일이라고 생각하는 것 같습니다. 그러나 그 결과는 무섭습니다. 그들은 마음속의 불안과 불신 때문에 하나님이 주시는 축복을 누리지 못합니다.

저는 여기서 결론적으로 왜 하나님이 300명을 제외한 거의 대부분의 이스라엘 사람들을 돌려보내셨는지에 대해 이야기하지 않으면 안 된다고 생각합니다. 하나님이 그들 대부분을 돌려보내신 이유가 무엇입니까? 그들의 마음속에 믿음이 없었기 때문입니다. 이 믿음은 구원받는 믿음과 다릅니다. 이것은 마음의 평안을 지켜 주는 기본적인 신뢰, 다른 사람이나 자기 자신에 대한 기본적인 신뢰입니다. 이런 신뢰는 믿지 않는 사람들에게도 있습니다. 그들이 하루하루 평안한 삶을 사는 이유는 인간이나 그 밖의 것들에 대해 기본적인 신뢰를 가지고 있기 때문입니다. 이 신뢰가 무너지면 온 세상은 지옥으로 변하고 맙니다.

이런 신뢰가 없는 사람들은 모든 것이 완벽하지 않으면 절대 믿으려 들지 않습니다. 마음속에 상처가 있기 때문에 절대로 모험을 하려 들지 않습니다. 돌다리도 몇 번씩 두드려 보기 전에는 절대 건널 마음이 없습니다. 다른 사람이 앞장서서 싸울 때 무언가 잘 되는 것 같으면 동참해도, 자기가 먼저 책임을 지고 앞장설 생각은 추호도 없습니다. 우리 그리스도인들이 이런 신뢰가 없어서 하루하루 불안하게 사는 것은 하나님이 기뻐하시지 않는 일입니다.

기드온과 그의 군대는 도망가는 미디안 사람들을 쫓아갔고, 에브라임 사람들이 여기에 합세했습니다. "이스라엘 사람들은 납달리와 아셀과 므낫세에서부터 모여서 미디안 사람들을 쫓았더라. 기드온이 사자를 보내어 에브라임 온 산지로 두루 행하게 하여 이르기를 '내려와서 미디안 사람을 치고 그들을 앞질러 벧 바라와 요단에 이르기까지 나루턱을 취하라' 하매 이에 에브라임 사람들이 다 모여서 벧 바라와 요단에 이르기까지 그 나루턱을 취하고"(7:23-24).

왜 하나님은 처음부터 다른 이스라엘 백성들을 사용하지 않으셨을까요? 그들은 처음에 미디안을 공격한 방법을 감당할 수가 없기 때문입니다. 횃불과 나팔만 가지고 적진 코앞까지 가서 소리를 지르는 이 방법을 감당하기에는 믿음이 너무 없었습니다. 아마도 지나치게 긴장한 나머지 적진 앞에 가서 자기들이 먼저 쓰러졌을지도 모릅니다. 아니면 미디안 사람들이 우왕좌왕하는 것을 보고 덩달아 우왕좌왕하거나 정신없이 미디안 군사들 틈에 섞여서 도망갔을지도 모릅니다.

그러나 300명의 용사들은 믿음이 있는 사람들이었습니다. '기드온과 함께라면 갈 데까지 가 보겠다' 는 결단이 있는 사람들이었습니다. 그들은 비록 눈앞에서 벌어지는 일이 상식적으로는 도저히 이해되지 않는다 해도, 하나님이 기드온을 사용하고 계신다는 기본적인 신뢰를 가지고 죽이 되든 밥이 되든 끝까지 함께 가고자 했습니다.

이미 말했듯이 이 믿음은 구원받는 믿음과는 다른 믿음입니다. 이를테면 은사로서의 믿음이라고 할 수 있습니다. 다른 이스라엘 백성들은 이 믿음이 부족했습니다. 하나님을 믿고 이스라엘을 사랑하기는 했지만 위기 상황에서 하나님의 축복을 불러일으키기에는 너무 약했습니다. 그들은 자기 마음속에 있는 상처와 의심 때문에 이런 엄청난 모험을 할 수 없었습니다. 그러나 300명의 용사가 물꼬를 터뜨리자 기꺼이 미디안 사람들을 물리치는 일에 동참했습니다.

300명이 모든 일을 할 수는 없었습니다. 그들은 일을 시작하는 역할을 했습니다. 그러나 마무리는 이 부족한 믿음을 가졌던 사람들, 자신들만의 힘으로는 도저히 일을 시작할 수 없었던 사람들이 감당했습니다. 이처럼 하나님 앞에는 쓸모없는 자가 아무도 없습니다. 하나님은 모든 사람을 사용하십니다.

이스라엘 백성들은 미디안의 방백들을 잡았습니다. "또 미디안 두 방백 오렙과 세엡을 사로잡아 오렙은 오렙 바위에서 죽이고 스엡은 스엡 포도주틀에서 죽이고 미디안 사람을 추격하고 오렙과 스엡의 머리를 가지고 요단 저편에서 기드온에게로 나아오니라"(7:25).

미디안 장군 오렙과 스엡은 이스라엘 땅에 그들의 이름이 붙은 바위와 포도주틀이 있을 정도로 유명한 자들이었던 것 같습니다. 물론 어떤 주석가는 그들이 죽은 이후에 그 일을 기념하기 위해 이런 이름을 붙였을 것이라고 해석하기도 하지만, 저는 그들이 교만한 마음으로 마치 이스라엘 백성들의 땅에서 천년만년 살 것처럼 바위와 포도주틀에 자기들의 이름을 붙였을 것이라고 생각합니다. 그들은 자신들의 이름이 붙은 그 자리에서 죽임을 당함으로써 훨씬 더 굴욕적인 최후를 맞이했습니다.

중요한 것은 눈에 보이는 군사력이나 무기가 아닙니다. 가장 중요한 것은 우리 안에 있습니다. 그것은 곧 나의 정신상태, 영적인 건강, 나와 하나님과의 관계입니다. 이 점을 잘 보여 주는 현상이 폭동입니다. 사람들은 먹을 것이 없어서 폭동을 일으키기도 하지만, 더 근본적으로는 불안과 오해와 미움 때문에 폭동을 일으킵니다.

마음의 평안은 하나님이 주시는 가장 귀한 선물입니다. 만일 요즘 자신의 삶에 평안이 없다면, 가까운 사람들이 그렇게 미울 수가 없고 이유를 알 수 없는 불안에 시달리고 있다면, 지금 하나님과의 관계가 끊어짐으로써 대단히 위험한 상태에 있다는 것을 알아야 합니다. 하나님이 함께하시면 내일 죽음이 닥친다 해도 마음이 평안합니다. 기드온은 자신의 모든 염려와 근심을 하나님께 잡아맸습니다. 300명의 용사들은 자신들의 모든 염려와 근심을 기드온에게 잡아맸습니다. 그렇게 했을 때 미디안 사람 십수만 명이 아비규환에 빠진 와중에서도 대열을 흐트리지 않고 끝까지 구호를 외치면서 미디안 사람들을 멸망시킬 수 있었습니다.

하나님이 평안을 거두시자 미디안은 불안과 공포에 빠져 자멸했고, 그들의 진지는 지옥으로 변했습니다. 하나님을 모르는 사람들도 사실은 하나님이 주시는 평안으로 하루하루 살고 있습니다. 그러나 그 은혜를 모르고 교만한 마음으로 하나님을 대적하려고 할 때, 그의 집이나 직장은 하루 아침에 지옥으로 변할 수 있습니다.

이 세상에서 악을 이기는 가장 강력한 방법이 무엇입니까? 진리의 나팔을 부는 것입니다. 사실을 사실대로 이야기함으로써 빛을 비추는 것입니다. 왜 그렇게 사람을 겁냅니까? 사람의 반응이 무서워서 진리를 은폐하면 우리에게도 어둠의 그늘이 찾아올 것입니다. 남이 던진 의미 없는 말 한마디에도 충격을 받아서 잠 못 이루는 밤이 많아질 것입니다. 사람을 무서워하지 마십시오. 아주 작은 소리로라도 옳은 것을 옳다고 하십시오. 그러면 하나님이 그 작은 소리를 축복하셔서 사람을 살리기도 하시고 죽이기도 하실 것입니다.

우리에게 승리를 주는 것은 믿음입니다. 구원받는 믿음에서 한 걸음 더 나아가 불가능한 현실 가운데 하나님의 약속을 믿고 하나님의 신실하심을 붙들 때, 내 속에 솟아나는 불안을 이기면서 하나님을 경배하고 찬양할 때, 300명의 용사들처럼 하나님이 함께하신다면 갈 데까지 가겠다는 믿음을 가질 때, 우리는 악을 이길 수 있으며 부흥의 물꼬를 틀 수 있습니다.

6
끝까지 헌신한 사람들

> ……기드온과 그 좇은 자 300명이 요단에 이르러 건너고 비록 피곤하나 따르며……
>
> 사사기 8:1-21

우리나라에 외환 위기가 닥쳤을 때 시민들 사이에 금 모으기 운동이 벌어졌습니다. 처음에는 별것 아닌 것 같았는데, 굉장히 많은 사람들이 자기 집 안에 있는 금반지나 금목걸이 등을 내놓았습니다. 이 금 모으기 운동은 외국 사람들에게도 깊은 인상을 주었습니다.

불 위에 올려 놓은 주전자 뚜껑에서 새어나오는 증기 자체는 거의 아무 의미가 없습니다. 그러나 그것이 집약되면 커다란 배도 움직일 수 있고 기차도 가게 할 수 있습니다. 사람도 마찬가지입니다. 사람의 능력은 한정된 것이어서 여러 가지 일에 분산시키다 보면 정작 중요한 일은 해낼 수가 없습니다. 그러나 얼마 되지 않는 힘이라도 바른 목표에 집중시키면 엄청난 위력을 발휘할 수 있습니다.

현재 우리나라는 해결해야 할 수많은 난제들을 안고 있습니다. IMF 문제도 그렇고 엄청난 실업자 문제도 그렇습니다. 또 인도나 파키스탄의 핵 실험은 다시 북한의 핵 문제로 연결될 것입니다. 한 가지 문제가 해결되기도 전에 또 다른 문제가 생기고 있는 실정입니다. 그런데 우리를 답답하게 만드는 것은 이 문제들의 해결에 전혀 국력이 집중되지 않는다는 점입니다. 왜 집중되지 않습니까? 이런 난제를 풀어 나갈 때 가장 중요한 목표가 무엇인지 모르고 있기 때문입니다.

우리 개인이나 교회도 마찬가지입니다. 바른 목표가 없으면 쓸데없는 데 힘을 낭비하고 시간을 소모하게 됩니다. 개인도 세상적인 야망에 따라 이 공부 저 공부 하다 보면 시간은 시간대로 다 가버리고 결과는 아무것도 남지 않습니다. 교회도 바른 목표 없이 이 교육 저 교육, 이 사업 저 사업 열심히 하다 보면 나중에 주님 앞에서 불타 없어져 버릴 것들만 잔뜩 쌓아 놓게 됩니다. 그렇게 된다면 그 많은 수고와 노력이 무슨 의미가 있겠습니까?

주님은 구원받은 성도들에게 두번째 삶의 기회를 주셨습니다. 그렇기 때문에 우리는 낭비할 시간이 없습니다. 이제는 욕심이나 허영으로 이것도 해 보고 저것도 집적거릴 시간이 없어요. 오직 하나의 목표를 찾아서 죽도록 충성하다가 남은 삶을 영광스럽게 끝내는 길밖에 없습니다. 우리는 하나님이 나에게 원하시는 온전한 뜻을 찾아서 그 일을 하다가 죽어야 합니다. 그렇다면 그 온전한 뜻을 찾아 거기에 충성하기 위해서는 어떻게 해야 할까요? 기드온은 오늘 그 방향을 제시해 주고 있습니다.

기드온과 300명의 용사들은 미디안 용사를 물리친 것으로 모든 것이 끝났다고 생각하지 않았습니다. 그들은 오렙과 스엡이라는 두 장군을 죽인 것으로 만족하지 않았습니다. 그들의 목표는 미디안의 세력을 끝까지 타도해서 다시는 이스라엘을 공격하지 못하게 만드는 것이었습니다. 기드온은 '여룹바알'이라는 이름 그대로 자기에게 주어진 사명에 끝까지 충성했습니다. 그리고 300명의 용사도 끝까지 기드온과 뜻을 같이했습니다. 기드온은 전쟁에서 승리한 후 자기 부대를 더 확장시킬 수도 있었습니다. 그러나 그는 숫자를 늘리지 않았습니다. 끝까지 이 300명만으로 적과 싸웠습니다. 관심과 생각이 복잡하고 행동이 일치되지 않는 군사 수만 명보다 생각과 행동이 일치되는 이 300명이 더 강하다는 것을 알았기 때문입니다.

오늘 우리가 보게 되는 현상은 교회든 기업이든 사회든 조금만 잘된다 싶으면 일단 일을 벌여 놓고 본다는 것입니다. 가정도 고비용으로 운영하고 기업도 고비용으로 운영합니다. 집부터 사고 보고, 큰 건물이나 빌딩부터 지어 놓고 봐요. 외형을 키워야 은행에서 돈을 빌리기가 쉬우니까 일단 외형부터 키워 놓습니다. 그러다가 기업과 은행이 다같이 넘어져 버리는 것입니다.

오늘 우리가 말씀에서 찾아야 할 것은, 어떻게 하면 남은 삶을 주님을 위해 효과적으로 사용할 수 있느냐 하는 것입니다. 어떻게 하면 실속있게, 시행착오 없이, 허송세월하지 않고 주님의 온전한 뜻을 이루어드릴 수 있느냐 하는 것입니다. 모든 것을 다 잘하려 드는 욕심쟁이는 아무것도 이루지 못합니다. 오직 바른 목표에 끝까지 헌신하는 사람만이 승리의 면류관을 얻을 것입니다.

에브라임 지파의 불평

기드온과 300명의 용사는 밤에 미디안 진을 습격하여 큰 승리를 거두었습니다. 그런데 이번에는 이스라엘 내부에서 문제가 발생했습니다. 에브라임 사람들이 말도 안 되는 불평 불만을 터뜨린 것입니다. "에브라임 사람들이 기드온에게 이르되 '네가 미디안과 싸우러 갈 때에 우리를 부르지 아니하였으니 우리를 이같이 대접함은 어찜이뇨?' 하고 크게 다투는지라"(8:1).

전투는 끝났습니다. 이제 남은 일은 마지막 패잔병을 추격해서 전쟁을 끝내는 것입니다. 그런데 바로 이 순간에 에브라임 지파의 불만이 터져 나왔습니다. "너희가 뭔데 우리한테 물어 보지도 않고 너희 마음대로 미디안을 공격했느냐"는 것입니다. 평소에 에브라임 지파가 므낫세 지파에 대해 어떻게 생각했는지 모르면 왜 이런 항의를 하는지 이해할 수 없습니다. 에브라임 지파 사람들은 므낫세 지파 사람들을 제 힘으로는 아무 일도 못 하는 사람들로 취급했습니다. 무엇을 하든지 자기들에게 물어 보거나 도움을 받아야 하는 사람들로 생각했어요. 그들이 감히 자기들에게 의논도 없이 무언가를 한다는 것은 상상할 수도 없는 일이었습니다. 그런데 이번에는 의논 한마디 없이 미디안을 선제공격한 것은 물론, 자기들에게 뒤치다꺼리까지 시킨 것입니다. 그들은 이것을 아주 불쾌하게 생각했습니다.

에브라임 사람들이 므낫세 사람들을 이렇게 대하는 것은 사랑일까요, 독선일까요? 에브라임 사람들은 사랑이라고 주장하겠지만 므낫세 사람들에게는 독선이 아닐 수 없습니다. 그러니까 이 두 가지를 합쳐서 '독선적인 사랑'이라고 할 수 있겠지요. 예를 들어 우리나라가 미국의 동의 없이 핵무기 실험에 성공한다면, 미국 대통령이 축하 메시지를 보낼 것 같습니까? 천만의 말씀입니다. 아마도 어린애가 위험한 무기를 손에 넣기라도 한 양 온갖 수단과 방법을 다 동원해서 제재를 가하려 들 것입니다. 강대국의 사고방식이 무엇입니까? 핵무기는 너무 위험한 물건이기 때문에 우리나라나 북한 같은 어린애들이 가지고 놀면 안 된다는 거예요. 이것은 사랑이 아닙니다. 자신들의 이익을 우선시하는 강대국 중심주의지요.

아들이 성인이 되었는데도 자기의 도움 없이는 아무 일도 못 한다고 생각하는 어머니들이 가끔 있습니다. 그래서 아들이 독자적으로 어떤 결정을 내리면 크게 분노합니다. "이런 큰 일을 이 어미와 의논 한마디 없이 혼자 처리하다니! 네가 나를 그렇게 우습게 알 줄 몰랐다!" 이러면서 방에 들어가 울 때, 아들은 어떻게 해야 합니까? 따라 들어가서 무릎을 꿇고 싹싹 빌어야 합니까?

상대방을 스스로 일어서지 못하게 만드는 독선적인 사랑은 악입니다. 주로 깡패 조직 보스들의 사랑이 이런 사랑입니다. 보스는 부하들이 독자적으로 어떤 결정을 내리는 것을 결코 허용하지 않습니다. 그 대신 자기가 모든 일을 다 돌보아 주지요. 이런 고리를 끊지 못하는 사람은 참으로 책임지는 인격이 될 수 없습니다.

기드온은 이 고리를 끊어 버렸습니다. 이 기회에 에브라임의 독선적 사랑의 고리를 다 끊어 버렸어요. 처음에 군사들을 모집할 때 기드온은 일부러 에브라임 사람들을 부르지 않았습니다. 그들은 아무래도 부담스러운 사람들이었기 때문입니다. 이렇게 처음에 부르지 않았으면 끝까지 부르지 않았어야 하는데 나중에 부른 것이 문제였습니다. 자신들을 뭘로 보고 뒷치다꺼리를 맡기느냐는 거예요. 왜 자신들을 선발투수로 세우지 않고 구원투수로 세우느냐, 자신들이 박찬호보다 못한 게 뭐가 있느냐는 것입니다. 1절에 "크게 다투는지라"고 나오는데, 이것은 이 문제 때문에 관계가 험악해져서 일촉즉발의 위기까지 갔다는 뜻입니다. 여기에서 한 걸음만 더 나가면 전쟁이 터지는 것입니다.

기드온의 입장에서 보면 에브라임 사람들의 이런 난동은 억울하기 짝이 없는 일입니다. 이 전쟁을 시작하기까지 그는 혼자서 너무나도 무거운 짐을 감당해야 했고 외로운 시간을 보내야 했습니다.

더구나 하나님은 모인 사람들조차 대부분 돌려보내게 하셨습니다. 다른 지파 사람들은 이렇게 돌려보내도 아무 소리 하지 않았어요. 그런데 에브라임 사람들은 자기들과 의논하지 않고 자기들을 선발로 세우지 않았다고 해서 이렇게 난동을 부리는 것입니다. 이것은 철없는 짓이었을 뿐 아니라 하나님이 하신 일을 인정하지 않는 행동이었습니다. '하나님이 어떻게 우리를 제쳐 놓고 너희 같은 것들을 통해서 역사하실 수 있느냐' 는 것이 그들의 논리였습니다.

　이들의 불평과 항의는 기드온을 충분히 분노하게 만들 수 있었습니다. 어쩌면 지금까지 그들에게 당해 온 설움을 되갚아 줄 기회로 삼을 수도 있었습니다. 그러나 만약 여기서 기드온이 흥분해서 에브라임 지파와 싸운다면 적의 패잔병들만 기분좋게 도망치고 말 것입니다. 그래서 가장 중요한 이 순간에 기드온은 자신의 감정을 억제합니다. "기드온이 그들에게 이르되 '나의 이제 행한 일이 너희의 한 것에 비교되겠느냐? 에브라임의 끝물 포도가 아비에셀의 맏물 포도보다 낫지 아니하냐? 하나님이 미디안 방백 오렙과 스엡을 너희 손에 붙이셨으니 나의 한 일이 어찌 능히 너희의 한 것에 비교되겠느냐?' 기드온이 이 말을 하매 그들의 노가 풀리니라"(8:2-3).

　에브라임 지파의 불만은 자존심에서 나온 것입니다. 이 불만 때문에 기드온은 바른 목표에서 벗어나 그들과 자존심 싸움을 할 뻔했습니다. 그의 목표는 패잔병들을 잡는 것이었습니다. 그런데 에브라임 사람들이 옆에서 끼어들어 화를 내며 시비를 거는 바람에 바른 목표에서 벗어날 위기에 처했습니다.

그러나 기드온은 여기에서 놀라운 겸손을 보여 줍니다. 그는 한 가지 비유를 들었습니다. 그것은 기가 막힐 정도로 에브라임 사람들의 마음에 쏙 드는 비유였습니다. 그는 "에브라임의 끝물 포도가 아비에셀의 맏물 포도보다 낫지 아니하냐?"고 말합니다. 포도는 맏물 포도가 맛있습니다. 끝물 포도는 좋은 포도를 다 따고 남은 찌꺼기예요. 끝물 포도로는 잼밖에 만들 수 없습니다. 그런데 에브라임 사람들은 워낙 뛰어나기 때문에 그 찌꺼기라 해도 므낫세의 맏물 포도보다 낫다는 거예요. 이를테면 에브라임에서 가장 못난 사람도 므낫세에 갖다 놓으면 최고라는 것입니다.

사실 이것은 에브라임 사람들이 므낫세 사람들을 깔보아서 만든 비유입니다. 그런데 기드온은 바로 그 비유를 끌고와서 자기가 한 일은 그들이 오렙과 스엡을 죽인 일에 비하면 아무것도 아니라고 말했습니다. "너희가 최고다. 아무리 우리가 전쟁을 시작했다 한들 너희보다 낫겠느냐"는 거예요. 에브라임 사람들의 분노는 이 말 앞에 가라앉았습니다. 그들은 이것을 기드온의 사과로 받아들이고 "그럼 그렇지!" 하며 집으로 돌아갔습니다.

에브라임 사람들은 얼마나 자존심이 강했던지 하나님께서 다른 사람들을 통해서도 역사하실 수 있다는 사실을 인정하지 않았습니다. 하나님께서 다른 사람, 다른 교회, 다른 선교단체, 다른 지역에서도 역사하실 수 있다는 사실을 인정하지 않았어요. 언제나 자신들만 최고이고 중요한 일은 항상 자신들을 통해서만 이루어져야 한다고 생각했습니다. 그들은 왜 이렇게 교만했을까요? 사람 수가 많았기 때문입니다. 에브라임은 큰 족속이었습니다. 그래서 그들은 하나님이 미약한 므낫세 지파 사람들을 통해 일하셨다는 사실을 인정하지 않았고 그것에 대해 분노하며 다투었습니다.

기드온은 왜 그들과 싸우지 않고 오히려 사과하면서 잘 설득하여 돌려보냈습니까? 에브라임 사람들이 두려워서가 아닙니다. 오직 한 가지 이유가 있다면, 그들이 기질이 다르고 성격도 독특해서 도저히 함께 일하기 어려운 사람들이기는 하지만 그래도 이번 전쟁에는 함께 동참해 주었다는 것입니다. 그들은 함께 땀 흘리고 수고한 동역자들이었습니다. 그래서 기드온은 그들과 싸우지 않았습니다.

아군과 적군을 구분하지 못해서 쓸데없는 신경전에 힘을 소모하는 사람들이 많습니다. 대표적인 예가 부모와 갈등을 일으키는 경우입니다. 부모는 적이 아닙니다. 누가 뭐라고 해도 부모는 자식이 잘되기를 바라는 마음을 가지고 있습니다. 아무리 부모가 교회에 못 가게 한다 해도 책상 위에 '아버지 타도', '엄마 타도'라고 써 붙이는 것은 잘하는 짓이 아니에요. 사실 부모가 괘씸하게 여기는 것은 교회 가는 것 그 자체보다는 자식의 무례한 태도인 경우가 많습니다. 물론 교회 가는 것도 마음에 안 들지만, 그보다는 촌수가 먼 하나님 아버지한테는 기도하면서 진짜 아버지한테는 인사도 안 하고 밥도 인상 쓰면서 먹어서 사람을 체하게 만드니까 잔소리를 하는 것입니다. 그럴 때 "이건 신앙 탄압이야. 오, 주여, 이 사탄의 소굴에서 나와 함께하소서" 하면 더 미움받게 되어 있습니다. 믿는 사람들 사이에서도 자기 기질 때문에 좋은 친구나 협력자들을 잃어버리는 경우가 많습니다. 한번 성질을 내 버리면 다른 사람들이 그 사람을 위해 기도해 주고 염려해 주는 일에 겁을 냅니다. 그러면 그때부터 친구를 잃는 거예요.

기드온에게는 열등감이 있었습니다. 그러니까 이렇게 승리했을 때 한번 본때를 보여 줄 수도 있었습니다. 그런데 그리스도인에게 가장 좋지 않은 것이 바로 이 '본때를 보여 준다'는 생각입니다. 사람들은 어떤 문제가 생겼을 때 그 문제 자체만 놓고 이야기하지 않습니다. 그동안 좋지 못했던 기억까지 다 동원해서 퍼붓습니다. 부부 싸움을 할 때에도 그냥 와이셔츠 다리지 않은 것만 놓고 이야기해도 될 것을 신혼여행 가서 싸운 일, 결혼식 때 장모님이 섭섭하게 한 일, 시어머니가 잘못한 일까지 서로 다 끄집어내서 퍼붓다 보니, 결국은 별것 아닌 문제를 놓고서도 집을 풍비박산으로 만드는 것입니다. 하나님 앞에 서서 "주님, 제가 아내를 묵사발로 만들었습니다"라고 하면 "잘하였도다, 착하고 충성된 종아" 하실 것 같습니까? 아내나 남편한테 이겨서 무슨 상급을 받을 수 있을 것 같습니까? 배우자나 부모나 자식은 적이 아닙니다. 적은 다른 곳에 있습니다. 같은 편끼리는 어떻게 해서든지 지혜로운 말로 분노를 누그러뜨려서 싸움이 생기지 않게 해야 합니다.

요단 동편 사람들의 무관심

기드온은 나머지 패잔병을 추격하는 일에 에브라임 사람들의 협력을 기대했을 것입니다. 그러나 그들의 말을 들었을 때 도움을 받기가 불가능하다는 것을 알았습니다. 그래서 300명만 이끌고 아직 남아 있는 적장 세바와 살문나를 추격했습니다. 그들이 요단을 건넜을 때에는 아주 피곤한 상태였습니다. 먹지도 못하고 마시지도 못한 채 추격을 계속해 왔기 때문입니다. 그들은 요단 동편에 있는 이스라엘 성 숙곳에 먹을 것을 좀 달라고 부탁했습니다. "기드온과 그 좇은 자 300명이 요단에 이르러 건너고 비록 피곤하나 따르며 그가 숙곳 사람들에게 이르되 '나의 종자가 피곤하니 청컨대 그들에게 떡덩이를 주라. 나는 미디안 두 왕 세바와 살문나를 따르노라'"(8:4-5).

다른 사람들은 전리품을 챙기느라 정신이 없을 때에도 기드온과 300명의 용사는 세바와 살문나를 추격하고 있었습니다. 그들은 너무나도 피곤하고 주린 상태였기 때문에 같은 이스라엘 백성인 숙곳 사람들에게 떡을 좀 달라고 했습니다. 그러나 숙곳 사람들은 기드온의 요청을 깨끗하게 묵살했습니다. "숙곳 방백들이 가로되 '세바와 살문나의 손이 지금 어찌 네 손에 있관대 우리가 네 군대에게 떡을 주겠느냐?'"(8:6)

숙곳 사람들이 기드온의 요청을 거절한 이유는 두 가지입니다.

첫째는 기드온의 군대가 너무나도 보잘것없다는 것입니다. "너희 수는 300명 정도밖에 되지 않는데 아직도 15,000명이나 되는 세바와 살문나 군대를 어떻게 이기겠는가, 그냥 집에 가서 애나 보는 것이 낫지 않겠는가"라는 거예요. 그뿐 아니라 "너희들을 도와주었다가 나중에 세바와 살문나의 보복을 받을 수 있으니 괜히 이 일에 우리를 끌어들이지 말라"는 것입니다.

우리는 버스나 지하철에 소매치기나 폭력배가 있을 때 아무리 사람들이 많이 있어도 상관하려 하지 않는 광경을 자주 봅니다. 괜히 도와주려다가 칼에 찔릴 수도 있고 나중에 보복을 당할 수도 있기 때문에 다른 사람들이 행패당하는 것을 뻔히 보면서도 도와주지 않습니다.

그러나 기드온의 군대는 그런 것과 성격이 근본적으로 다릅니다. 이스라엘 사람들은 무려 18년 동안이나 미디안의 압제를 받아 오던 끝에 이제 하나님이 주신 기회를 맞이했습니다. 만약 이 기회를 놓치면 그들은 또 자신들을 압제하러 올 것입니다. 그런데 이 결정적인 순간에 기드온의 군대는 너무 목이 마르고 배가 고프고 지쳐 버린 것입니다. 그러나 숙곳 사람들은 "우리만 편안하면 그만이지, 괜히 긁어 부스럼 만들 필요가 뭐가 있느냐"면서 도와주기를 거절했습니다.

기드온은 이들의 거절에 크게 분노합니다. "기드온이 가로되 '그러면 여호와께서 세바와 살문나를 내 손에 붙이신 후에 내가 들가시와 찔레로 너희 살을 찢으리라'하고"(8:7). 지금 기드온의 군대는 가시와 찔레에 찔려 가면서 적을 추격하고 있습니다. 그런데 숙곳 사람들은 같은 이스라엘 백성이면서도 성 안에 앉아 가만히 보고만 있습니다. 기드온은 "지금은 세바와 살문나를 추격해야 하기 때문에 너희를 징계할 수 없지만 세바와 살문나를 이기고 올 그때에는 절대 편안하게 내버려 두지 않겠다. 우리가 가시와 찔레에 찔렸던 것처럼 너희도 가시와 찔레로 찔러서 징계하겠다"고 말합니다.

기드온은 숙곳에서 얼마 떨어져 있지 않은 브누엘에서도 똑같은 취급을 당했습니다. 특히 브누엘은 이스라엘의 망대가 있는 최전방과 같은 곳이었습니다. 그곳만 벗어나면 다른 나라였습니다. 그러나 그들의 태도도 마찬가지였습니다. "이 일에 쓸데없이 끼어들고 싶지 않으니 너희 문제는 너희가 알아서 하라"면서 외면한 것입니다. 기드온은 이번에도 분노했습니다. "기드온이 또 브누엘 사람들에게 일러 가로되 '내가 평안히 돌아올 때에 이 망대를 헐리라' 하니라" (8:9).

왜 기드온은 소리를 지르면서 거칠게 대어드는 에브라임 사람들은 겸손한 말로 타일러서 돌려보냈으면서, 숙곳 사람들과 브누엘 사람들에 대해서는 복수를 선언합니까? 그의 판단 기준은 하나님의 백성으로 자처하는 사람들이 실제로도 하나님의 일에 동참했느냐, 아니면 구경만 했느냐 하는 데 있었습니다. 기드온은 말로 그들을 판단하지 않았습니다. 그들이 자신들과 함께 땀을 흘렸는가를 보고 진정한 이스라엘 백성인지 아닌지 판단했습니다. 에브라임 사람들은 소리도 지르고 거칠게 항의도 했지만, 그럼에도 불구하고 싸움에 동참해서 무언가를 했습니다. 밤에도 자지 않고 몰려가서 미디안의 두 장수를 죽였어요. 그러나 숙곳 사람들이나 브누엘 사람들은 말은 그럴듯하게 했지만 자기들 손에는 물을 묻히려고 하지 않았습니다. 그들은 미디안의 보복이 두려워서 고난받는 동족을 외면했습니다.

기드온은 이들을 적으로 간주하고 있습니다. 이들은 하나님의 백성을 망하게 하는 자들이었습니다. 오늘날에도 하나님 백성의 의욕을 꺾는 자들은 아직 성숙하지 못해서 자기들을 대접해 달라고 소리지르는 에브라임 지파 같은 사람들이 아니라, 고생하기 싫어서 아예 처음부터 동참하지 않으려 하는 숙곳과 브니엘 백성 같은 사람들입니다. 기드온은 이들이야말로 진짜 이스라엘의 적이라고 생각했습니다.

아마 기드온과 300명의 용사들은 '과연 우리가 이런 취급을 받아가면서까지 끝까지 싸워야 하는가' 하는 회의를 품었을 것입니다. 숙곳과 브니엘 사람들이 한 짓은 이스라엘 백성들이 할 짓이 아니었습니다. 그들은 겉으로는 이스라엘이었을지 모르지만 실제로는 이스라엘을 좀먹는 자들이었습니다.

기드온은 세바와 살문나를 잡아오는 길에 이들을 철저하게 응징합니다. 브누엘의 망대는 헐어 버렸습니다. 숙곳의 지도자들은 아예 명단까지 작성해서 한 사람도 빼놓지 않고 가시와 찔레로 쳐서 죽였습니다.

누가 하나님 나라의 적입니까? 그리스도인이라고 하면서도 전혀 고난에 동참하려고 하지 않는 자들입니다. 자기 한계선을 그어놓고 다른 사람이 고생하는 그 불똥이 혹시라도 튈까 싶어서 아예 처음부터 발도 들여놓지 않는 사람입니다. 겉으로는 믿는다고 하면서 실제로는 세상적인 방법으로 성공한 사람들은 어려운 고난 가운데 말씀 하나만 붙들고 인내하는 많은 그리스도인들로 하여금 선한 싸움을 포기하게 만들며 세상으로 달려가게 만듭니다. '나도 말씀 때려치우고 세상적으로 성공한 다음에 교회에 오면 장로나 안수집사 시켜 주겠지' 하는 생각을 갖게 만드는 이런 사람들은 굉장히 무서운 교회의 적입니다.

오늘날 한국 교회의 지도자들은 어떤 사람들입니까? 하나님 나라를 위해 눈물 한 방울, 땀 한 방울 흘리지 않은 사람들이 많습니다. 세상에서 제멋대로 돈 벌고 명성을 쌓아서 사회적인 직책을 차지한 후에 그 직책과 돈을 가지고 들어와 교회의 높은 자리에 올라가 있는 사람들이 많아요. 그런 사람들은 교회를 죽이고 있습니다. 말씀 하나 붙들고 고난받고 있는 사람들을 죽이고 있습니다. 한국 교회의 문제가 바로 이것입니다. 숙곳과 브누엘 사람들이 교회를 다 차지하고 있는 거예요. 한 번도 고생해 보지 않은 사람들, 고난이 무엇인지도 모르는 사람들이 다 차지하고 있는 것입니다. 그러니 누가 믿음 때문에 고생을 하려고 하겠습니까?

복음은 항상 낮은 곳에서 역사하게 되어 있습니다. 진정한 그리스도인이라면 믿음의 선한 싸움을 싸우고 있는 자들에게 관심을 갖지 않을 수 없고, 그들의 수고와 땀을 귀히 여기지 않을 수 없습니다. 그렇기 때문에 그들이 도움을 요청할 때 외면하지 않습니다. 물론 사람들이 요청하는 모든 것이 다 그의 진정한 필요는 아닙니다. 이를테면 일단 여기저기에 많은 도움을 요청해 놓고 보는 사람들도 있지요. 그럴 경우에는 꼭 내가 도와주어야 하는지 좀 생각해 볼 필요가 있습니다. 그러나 분명히 진리 때문에 고통을 받고 있는 사람이 도움이 요청할 때 거부하는 것은 하나님 나라 운동의 불씨를 끄는 것과 같고 성령의 불길을 끄는 것과 같습니다. 어려움에 빠진 형제들을 돕는 구체적인 방법에는 각자 차이가 있을 수 있습니다. 그러나 그런 사람들에게 관심을 가져야 하며, 그들의 고통을 대신할 수는 없어도 최소한의 필요라도 도와야 한다는 것만큼은 분명한 사실입니다.

물론 주의할 필요는 있습니다. 한국 사람들에게 많이 나타나는 부정적인 현상 가운데 하나가 이른바 '물귀신 작전' 입니다. 친척이나 친구 중에 잘사는 사람이 있다는 말만 들으면 끝까지 잡고 늘어지는 물귀신들이 있습니다. 자기는 손 하나 까딱하지 않으면서 계속 도움만 받으려는 사람들이 있어요. 그런 사람들을 돕는 것은 밑 빠진 독에 물 붓기와 같습니다. 그런 관계의 고리는 딱 끊고, 그들 스스로 일어서게 하는 것이 피차에 좋습니다.

오늘날 그리스도인들은 아무도 어렵게 믿으려고 하지 않습니다. 모든 것이 갖추어진 교회를 찾아 편안하게 여생을 보낼 생각을 하고 있어요. 그런 사람은 복음의 적이요 하나님 나라의 원수입니다. 그리스도인은 절대로 편하게 믿을 생각을 해서는 안 됩니다. 편하게 믿는 것은 망하는 길입니다.

전쟁을 끝내다

결국 기드온은 자신이 시작한 이 전쟁을 자신의 손으로 끝냅니다. 그는 세바와 살문나를 추격해서 잡고 전쟁에 협조하지 않은 숙곳과 브누엘 사람들을 징계한 후, 마지막으로 세바와 살문나를 심문하고 죽입니다.

전체적으로 볼 때 동방 사람들의 군대는 120,000명이 죽고 15,000명이 남았습니다. 물론 15,000명도 결코 적은 숫자는 아니었습니다. 300명의 용사는 떡도 제대로 먹지 못하고 물도 제대로 마시지 못한 상태에서도 이들을 끝까지 추격하여 세바와 살문나를 사로잡았습니다. "이때에 세바와 살문나가 갈골에 있는데 동방 사람의 모든 군대 중에 칼 든 자 120,000명이 죽었고 그 남은 15,000명 가량은 그들을 좇아 거기 있더라. 적군이 안연히 있는 중에 기드온이 노바와 욕브하 동편 장막에 거한 자의 길로 올라가서 적군을 치니 세바와 살문나가 도망하는지라. 기드온이 추격하여 미디안 두 왕 세바와 살문나를 사로잡고 그 온 군대를 파하니라"(8:10-12).

기드온은 이번에 이들을 놓치면 군사력을 모아서 또다시 쳐들어올 것이기 때문에 어떻게 해서든지 뿌리를 뽑아야 한다고 생각했습니다. 그는 지금 이 기회를 놓치면 다시는 기회가 없다는 것을 알았습니다. 그래서 300명을 그대로 몰고 추격했습니다.

"장막에 거한 자의 길"은 유목민의 길로서, 일반 사람들에게는 알려지지 않은 길이었던 것으로 보입니다. 이런 길을 이용한 것을 볼 때 기드온은 유격 훈련에 아주 강한 사람이었던 것 같습니다. 그는 큰길에서는 이미 미디안 사람들이 망을 보면서 대비하고 있을 것이 분명하니까 원주민들만 아는 길을 물어서 그 길로 쳐들어갔습니다. 결국 미디안 군대는 귀신 같은 기드온 군대에 또다시 무너질 수밖에 없었습니다.

하나님이 함께하신다고 해서 쉽게 큰길로 쳐들어갔더라면 어떻게 되었을까요? 아마 다 죽었을 것입니다. 하나님이 함께하시는 일이라고 해도 아무 노력이나 어려움 없이 좋은 결과를 얻게 되는 것은 아닙니다. 우리도 우리 나름대로 최선을 다해야 합니다. 몸에 있는 땀 한 방울까지 다 짜 내야 합니다. 신앙에는 공짜가 없습니다.

기드온은 어떻게 세바와 살문나를 사로잡을 수 있었을까요? 목표가 분명했기 때문에 사로잡을 수 있었습니다. 그의 목표는 무슨 일이 있어도 미디안 사람들의 뿌리를 뽑는 것이었습니다. 그는 그 목표에 끝까지 헌신했습니다. 그의 목표는 군대를 더 키우는 것도, 자기가 왕이 되는 것도, 전리품을 많이 얻는 것도 아니었습니다. 오로지 미디안의 뿌리를 뽑아야 한다는 하나의 목표에 전력했기 때문에 에브라임 사람들과 감정적인 싸움에 빠지지도 않았고, 세바와 살문나를 죽이기까지 전리품에 손도 대지 않은 채 끝까지 사명을 감당해 낼 수 있었습니다.

그의 군대는 비록 300명에 불과하지만 목표를 분명히 했을 때 엄청난 파괴력을 발휘했습니다. 그리스도인들이 이처럼 목표를 분명히 할 수만 있다면, 참으로 자신의 욕망을 조절하고 남의 소리에 개의치 않으며 오직 하나님이 맡기신 그 일에만 힘을 모을 수만 있다면 굉장한 힘을 내게 될 것입니다.

기드온은 자신이 이미 선포한 대로 세바와 살문나를 잡아서 돌아오는 길에 숙곳과 브누엘을 철저하게 심판했습니다. 그는 이 일을 위해 숙곳의 한 소년을 잡아 그곳 장로 77명의 명단을 받아 냈습니다. 그리고 숙곳 사람들 앞에 세바와 살문나를 보인 후에 명단에 있는 방백과 장로들을 가시와 찔레로 쳐서 죽였습니다. 16절에는 징벌했다고만 나오지만, 그 후에 브누엘의 망대를 헐고 그곳 사람들을 죽인 것으로 미루어 볼 때 숙곳 사람들도 다 죽였던 것 같습니다.

우리는 기드온의 행동을 보면서 개인적인 감정을 앞세워 죄 없는 사람들한테 너무 심하게 보복한 것이 아닌가 생각하기 쉽습니다. 그러나 이것은 신약 시대에 사는 우리들을 위한 교훈입니다. 어떤 사람이 하나님 나라의 원수라고 했습니까? 믿는다고 하면서도 철저하게 자기 이익만을 위해 사는 사람들입니다. 세상적인 방법으로 돈 벌고 성공한 것을 교회에 가지고 들어와 직분과 사람의 인정을 얻는 사람들입니다. 이들은 말씀을 붙들고 고난받는 믿음의 형제들을 절망시키는 자들이며 그들의 마음속에 있는 성령의 불씨를 꺼뜨리는 자들입니다. 지금 당장은 이들이 대접받고 존경받는 것 같아도 주님이 오시면 가시로 쳐서 징벌하실 것입니다. 주님은 절대로 그들로 하여금 거저 영생을 얻게 하시지 않을 것입니다.

이름만 망대일 뿐 망대 역할을 못한 사람들도 마찬가지입니다. 망대는 사람들에게 전쟁의 기미를 알리고 대비시키라고 있는 것입니다. 그런데 망대를 지키는 사람들이 허리띠 풀고 앉아 밥 먹는 데만 정신이 팔려 있다면, 간첩들이 철조망을 넘어오는 것을 보면서도 그저 손만 흔들고 있다면, 그 망대는 헐어 버려야 합니다. 그렇지 않으면 오히려 그 망대 때문에 많은 사람들이 방심하게 될 것입니다. 그리스도인은 항상 긴장하고 있어야 합니다. 긴장감이 느껴지지 않는 그리스도인은 이미 맛이 간 것입니다.

기드온은 잡아온 세바와 살문나에게 그들이 다볼에서 죽인 자들이 어떻게 생겼더냐고 물었습니다. 그러자 그들은 "그들이 너와 같아서 모두 왕자 같더라"(8:18 하)고 대답했습니다. 세바와 살문나는 다볼에서 전쟁을 하다가 그들을 죽인 것이 아닙니다. 아무 이유 없이 죽인 것입니다. "왕자 같더라"는 것은 죽은 자들이 권력자들이었다는 뜻이 아니라 존귀한 자들이었다는 뜻입니다. 그들은 진정한 하나님의 백성들로서 다볼에서 순교를 당했습니다.

이에 대해 기드온은 이렇게 말합니다. "가로되 '그들은 내 형제, 내 어머니의 아들이니라. 내가 여호와의 사심으로 맹세하노니 너희가 만일 그들을 살렸더면 나도 너희를 죽이지 아니하였으리라' 하고"(8:19). "내 형제, 내 어머니의 아들"이라고 했다고 해서 꼭 기드온의 친형제라고 생각할 필요는 없습니다. 물론 20절을 보면 기드온이 큰아들 여델에게 이들을 죽이라고 함으로써 마치 자기 가족의 복수를 하는 것처럼 보이지만 그렇지 않습니다. 세바와 살문나에게 죽임당한 이들은 주 안에서 신실한 자들이었습니다. 지금 기드온은 참으로 존경받아야 할 자들이 죽지 말아야 할 곳에서 죽임을 당했다는 뜻에서 이렇게 말하고 있는 것입니다.

기드온은 세바와 살문나의 죽음을 치욕스럽게 만들기 위해 아들인 여델에게 죽이라고 합니다. 그러나 여델은 너무 어려서 이들을 죽이지 못하고, 세바와 살문나는 기드온에게 직접 자신들을 죽여 달라고 부탁합니다. 여기에서 우리는 이스라엘의 불길한 미래를 보게 됩니다. 왜 기드온은 칼도 제대로 뽑지 못하는 어린 아들에게 적장을 죽이라고 했을까요? 아무리 기드온이라고 해도 '내 아들은 다른 아이들과 다르다'는 것을 과시하고 싶었던 것이 아닐까요? 아마도 그 자신은 왕이 되기를 원치 않았지만, 아들만큼은 어린 나이에 적장 두 명의 목숨을 끊었다는 명성을 듣게 하고 싶었던 것 같습니다. 그러나 기드온의 아들이라고 해서 다른 아이들보다 특별할 것은 하나도 없습니다. 기드온의 아들이라고 해서 기드온과 같을 수는 없어요. 하나님의 나라는 세습으로 이어지는 것이 아닙니다. 말씀을 배운 제자가 이어가는 것입니다.

기드온은 큰 전쟁에서 승리한 후에도 변질되지 않았습니다. 그는 왕이 되려 하거나 300명의 군대를 더 큰 조직으로 확장시키려고 하지 않았습니다. 이스라엘의 진정한 왕은 하나님이시라는 것을 알았기 때문입니다.

그의 군대는 처음부터 끝까지 300명이었습니다. 이 300명은 미디안 사람들을 끝장내는 일에 헌신한 자들이었습니다. 그들은 에브라임 사람들의 분노에도 넘어가지 않았고 숙곳과 브누엘 사람들의 조롱이나 무관심에도 넘어지지 않았습니다. 그들은 굶주린 상태에서도 끝까지 적을 추격해서 완전히 뿌리뽑았습니다.

이 일은 우리에게 무엇을 보여 주고 있습니까? 아무리 힘이 부족한 소수라 하더라도 바른 목표를 가지고 끝까지 충성하면 엄청난 하나님의 역사가 나타난다는 것입니다. 남들처럼 이것저것 다 갖추고 여기저기 신경 쓰고 거기에 체면까지 살리려 들면 하나님의 일을 할 수가 없습니다. 오직 한 가지 목표를 향해 달려가서 끝장을 내야 합니다. 남들이 하는 대로 다 따라 하려다가는 아무것도 안 돼요. 내 방법대로, 하나님이 주신 형편대로 최선을 다해서 끝장을 내야 합니다. 그렇게 할 때 엄청난 하나님의 역사를 체험할 수 있습니다.

또한 우리는 에브라임 족속의 불평을 통해, 함께 싸움에 동참했으면서도 기질이나 자존심 때문에 분쟁이 일어날 수 있다는 사실을 알 수 있습니다. 이런 분쟁은 겸손한 말로 그들의 수고를 인정해 주면 끝나게 되어 있습니다. 기드온은 에브라임 사람들과 싸우지 않았습니다. 오히려 그들의 수고를 인정하고 사과하면서 그들을 달랬습니다.

그러나 기드온은 그들을 데리고 세바와 살문나를 추격할 수 없다는 것은 알아야만 했습니다. 사람은 무언가를 기대하고 있다가 그 기대가 충족되지 않을 때 화가 나고 섭섭한 법입니다. 아예 기대하지 않으면 화를 낼 이유가 없습니다. 기드온은 에브라임 지파가 하는 짓을 보고 여기까지가 그들의 한계라는 것을 알고, 그 후로는 오직 300명만 이끌고 다녔습니다.

오늘 가장 이해하기 어려운 부분은 숙곳과 브누엘 사람들에 대한 기드온의 태도입니다. 그 사람들도 심했지만 우리가 보기에는 기드온도 좀 심했던 것 같습니다. 우리가 조심해야 할 부분이 바로 이런 부분입니다. 우리는 하나님보다 더 자비로우면 안 됩니다. 어떤 사람들은 성경에 보복과 죽임의 기록이 나올 때마다 얼굴을 찡그리면서 도저히 납득할 수 없다는 듯한 표정을 짓습니다. 이것은 하나님보다 더 자비로운 체하는 것입니다. 물론 우리는 자비롭고 거룩해야 하지만 하나님보다 더 자비로우면 안 됩니다. 하나님이 징계하라고 하시는 자를 위로하거나 동정하려 들면 안 돼요. 너무나 자비로운 나머지 아무도 멸망하면 안 되며 아무에게도 심한 말을 해서는 안 된다고 주장하는 사람들이 있습니다. 그들은 이 세상에 사는 사람들은 다 위로와 격려가 필요한 불쌍한 사람들인데 그들을 책망하고 죄를 지적하면 어떻게 하느냐고 반문합니다. 그러나 이보다 더 하나님 앞에 가증스럽고 위선적인 태도는 없습니다.

지금 고통받고 있는 사람들이 있음에도 불구하고 자기 욕심 때문에 그들을 외면하고 예배만 왔다 갔다 하는 사람들은 하나님 나라의 원수입니다. 눈앞에 전쟁이 벌어지고 있는데도 외면하는 사람은 하나님 나라의 원수입니다. 우리는 그런 사람들을 의지하거나 그런 사람들한테 무언가를 기대해서는 안 됩니다. 주님은 마지막 날에 가시와 찔레로 그들을 찢어 놓으실 것입니다. 그런 사람들이 고생하고 고통받는다고 해서 동정하거나 위로할 필요가 없습니다. 그렇게 하는 것은 하나님보다 더 자비로워지려고 하는 것입니다.

우리는 어떻게 기드온과 300명의 용사들처럼 끝까지 하나님의 뜻에 충실할 수 있습니까? 저는 우리 교회를 통해 하나님이 세 가지 일을 하고자 하신다고 생각합니다. 첫째는 말씀을 밝히는 것입니다. 이것은 어느 한 사람이 할 일이 아닙니다. 우리 모두가 열심히 모일 때 하나님의 말씀이 더욱더 능력 있고 구체적으로 우리에게 밝혀질 것입니다. '말씀도 좋지만 다른 것도 있어야 한다' 는 것은 말씀과 상관없는 태도입니다. 이것저것 다 가지려 드는 것은 미련한 짓입니다. 오직 하나를 붙들어야 합니다. 말씀 하나만 가지고 끝장을 봐야 합니다.

둘째는 치유의 공동체를 이루는 것입니다. 사람들은 병이 낫고 상한 감정이 회복되는 좁은 의미의 치유만 생각합니다. 그러나 우리가 추구하는 치유는 삶 전체의 치유입니다. 병든 육체뿐 아니라 가치관이나 생활습관, 인간관계, 직업, 미래의 비전이 다 치유되어야 합니다. 그러므로 자신은 건강하며 전혀 치유받을 부분이 없다고 생각하는 사람은 교회에서 도움을 얻지 못할 것입니다. 병든 자에게만 의원이 필요한 법입니다. 저는 우리 교회에 병든 자들이 많이 오기를 바랍니다.

셋째는 우리를 통해 한국 교회 전체가 부흥하는 역사가 나타나는 것입니다. 특히 우리나라 교회의 강단이 새로워지고 교인들이 가진 믿음의 자세가 달라지는 것이 한두 교회가 커지는 것보다 훨씬 더 중요하다고 생각합니다.

그렇다면 이런 목표들을 위해 우리가 해야 할 일은 무엇일까요? 무엇보다 먼저 기드온과 300명의 용사처럼 한마음으로 끝까지 헌신할 수 있는 하나님의 뜻이 무엇인지 생각해 보십시오. 하나님께서 나를 부족하게 하셨지만 그 부족한 가운데에서도 한평생 주님을 위해 달려갈 목표가 무엇인지 깊이 생각해 보십시오. 어떤 사람들은 자기 자존심을 내세우며 알아달라고 할 것입니다. 또 어떤 사람들은 편안히 지내면서 나를 조롱할 것입니다. 그럴 때에도 흔들림 없이 달려갈 나의 목표, 먹지도 못하고 마시지도 못한다 하더라도 끝까지 좇아갈 나의 목표는 무엇입니까?

7
기드온의 정치철학과 종교적 실패

> ······기드온이 그 금으로 에봇 하나를 만들어서 자기의 성읍 오브라에 두 었더니 온 이스라엘이 그것을 음란하게 위하므로 그것이 기드온과 그 집 에 올무가 되니라······
>
> 사사기 8:22 - 35

    요즘 우리는 정치 분야에서 '철새'라는 말을 많이 듣습니다. '철새 정치인'이란 정치적인 소신 없이 형편과 기회에 따라 이 정당에 붙었다 저 정당에 붙었다 하는 기회주의적인 정치인을 두고 하는 말입니다. 그런가 하면 아예 자신의 직업이나 전공을 떠나 정치판에 뛰어드는 사람들도 있습니다. 연예인들 중 상당수가 브라운관의 위력을 힘입어 정치인이 되기도 하고, 교수나 법조인들 중에 정치를 하겠다고 나서는 사람들도 있습니다. 개중에는 교수로서 많은 학생들과 시민들의 존경을 받다가 정치판에 뛰어드는 바람에 좋은 이미지를 다 망치고 정치에 실패해서 은퇴한 분도 있지요.

언젠가 제가 만난 젊은이는 자신의 꿈을 이렇게 피력했습니다. 젊어서는 교수를, 중년에는 정치를, 늙어서는 목회를 하겠다는 것입니다. 저는 그 말을 듣고 '이분이 뭘 몰라도 한참 모르는구나' 하고 생각했습니다. 물론 머리가 좋으면 교수는 될 수 있을지 모릅니다. 그러나 정치는 혼자 할 수 있는 일이 아닙니다. 정치를 하려면 다른 사람을 움직일 수 있는 능력이 있어야 해요. 머리 좋은 사람들이 정치판에서 실패하는 이유는 이 능력이 부족하기 때문입니다. 그러나 목회는 이것과도 차원이 다릅니다. 목회는 하나님과 사람들 사이에 서는 것입니다. 때로는 하나님 편에 서서 사람들의 죄를 책망하기도 하고 때로는 사람 편에 서서 하나님께 눈물과 기도로 간구하기도 해야 합니다. 이것은 어떤 의미에서 개인의 능력과 상관없는 일입니다. 하나님이 그를 택하여 사용해 주셔야 합니다. 평신도 입장에서 가장 해 보고 싶은 일은 자신도 한번 많은 사람들 앞에서 감명 깊은 설교를 해 보는 것입니다. 그러나 그런 열정이나 자기 능력만 믿고 목회의 길로 뛰어들었다가 실패한 사람들이 적지 않습니다.

우리는 사사기 8장 후반부에서 미디안과의 큰 전쟁을 승리로 이끈 믿음의 용사 기드온의 나머지 생애를 보게 됩니다. 기드온은 정치적 영웅이었고 신조와 철학이 분명한 사람이었습니다. 그는 다수의 압력이나 아첨에 넘어가지 않는 지조 있는 정치인이었습니다. 그러나 종교인으로서의 삶은 대실패였습니다. 어떤 의미에서 그는 거의 이단에 가깝다고 해야 할 정도로 이상한 목회를 했습니다. 사생활은 더 큰 실패였습니다. 그는 수십 명의 아내를 거느렸고 수십 명의 자녀를 낳았습니다. 중동 지방에서는 수십 명의 아내들이 함께 사는 방을 '하렘'이라고 부릅니다. 하렘은 한 남자의 아내들이 기거하는 곳이니만큼 창녀촌이라고까지는 말할 수 없지만 거의 그런 수준에 가까운 일종의 집단촌입니다. 기드온에게는 이를테면 그런 하렘이 있었습니다.

우리는 이 점을 잘 이해할 수가 없습니다. 어떻게 정치적으로는 그렇게 정직하며 하나님 앞에 바로 살고자 했던 기드온이 종교적인 측면과 사생활에서는 그토록 성령이 없는 삶, 망령되고 부패한 삶을 살았을까요? 이것은 인간의 욕심과 교만이 가져온 결과입니다. 우리의 삶은 하나님의 통제 아래 있을 때에만 아름다울 수 있고 자유로울 수 있습니다. 그 통제에서 벗어날 때, 성령 없이 자기 욕망을 마음껏 펼치려 들 때, 영혼의 타락과 파멸을 맞이할 수밖에 없다는 것을 기드온의 삶은 우리에게 보여 주고 있습니다.

기드온의 정치철학

기드온은 분명한 정치철학을 가진 사람이었습니다. 그 정치철학이란 이스라엘을 다스리는 분은 오직 하나님 한 분으로서, 사람이 이스라엘을 다스려서는 안 된다는 것입니다. 이스라엘 백성들은 미디안과의 전쟁이 성공적으로 끝난 후 기드온에게 이스라엘의 왕이 되어 달라고 요청했습니다. 그러나 기드온은 이 요청을 분명하게 거절했습니다. 그 이유가 무엇입니까? 이스라엘의 왕은 오직 여호와 한 분뿐이라고 생각했기 때문입니다. "때에 이스라엘 사람들이 기드온에게 이르되 '당신이 우리를 미디안의 손에서 구원하셨으니 당신과 당신의 아들과 손자가 우리를 다스리소서.' 기드온이 그들에게 이르되 '내가 너희를 다스리지 아니하겠고'"(8:22-23 상).

이스라엘 백성들이 기드온에게 왕이 되어 달라고 요구한 이유가 무엇입니까? 미디안 군사들을 내쫓고 자유를 되찾아 준 것이 고마워서가 아닙니다. 원래 이스라엘에는 왕이 없었습니다. 하나님이 친히 이스라엘 백성들의 왕이 되셨기 때문입니다. 그들에게는 하나님의 말씀에 순종하기만 하면 주위에 있는 어떤 나라도 그들을 넘보지 못하도록 하나님이 지켜 주신다는 언약이 있었습니다. 그런데 늘 하나님의 말씀대로 살 수만은 없다는 것이 문제였습니다. 사람이 살다 보면 죄를 짓게 마련인데 죄를 짓기만 하면 원수들이 몰려오니 불안해서 살 수가 없었어요. 이론적으로는 하나님을 의지하며 그가 기뻐하시는 삶을 살면 언제나 안전합니다. 그러나 이론이 그렇다는 것이지, 현실적으로 볼 때 사람이 이 세상에 살면서 어떻게 죄를 짓지 않을 수 있으며 교만해지지 않을 수 있습니까?

한마디로 말해서 하나님만 의지한다는 것은 이스라엘 백성들에게 너무나도 불안한 일이었습니다. 한번 생각해 보십시오. 우리도 하나님의 말씀을 붙들기만 하면 하나님이 모든 것을 책임져 주시게 되어 있습니다. 그렇다 해도 사람이 살다 보면 무슨 일이 생길지 모르는 법인데 은행에 돈이 조금이라도 저축되어 있는 편이 낫습니까, 돈 한 푼 없이 하나님만 의지하면서 그때그때 채워지는 것으로 사는 편이 낫습니까? 사람은 안정을 원하게 되어 있습니다. 하나님을 의지하면서 일 년에 한두 번씩 전셋집이나 월셋집으로 이사 다니기보다는 하나님을 좀 덜 의지하더라도 자기 집을 가지고 살기를 더 원합니다.

왕이 있으면 일단 군사를 뽑게 되어 있고 평상시에도 정부의 형태를 갖추고 있기 때문에 적이 쳐들어오거나 전쟁이 일어나도 대비하기가 쉽습니다. 그러나 이스라엘에는 왕이 없었기 때문에 적들이 쳐들어오면 처음부터 모든 것을 시작해야 했습니다. 어떤 때는 전쟁 대책 회의 하느라 시간이 다 가 버려요. 이스라엘 백성들이 기드온에게 왕이 되어 달라고 부탁한 것은 이처럼 하나님만 바라보며 사는 삶이 너무나도 불안했기 때문입니다. 그러니까 기드온이 왕이 되어서 평소에도 군대를 선발하고 훈련시킴으로써 자신들의 미래를 대비해 달라는 것입니다.

이것은 바로 오늘 우리들의 문제이기도 합니다. 하나님을 의지하는 삶의 특징은 미래를 도저히 예측할 수 없다는 것입니다. 예를 들어 나이가 들었는데 결혼하지 못한 자매들의 입장을 생각해 보십시오. 도대체 언제까지 마냥 기다려야 합니까? 안정된 직장 없이 그때그때 하나님의 도우심으로 사는 사람들은 또 어떻습니까? 만약 식구 중에 누가 교통사고라도 나면 어떻게 합니까? 갑자기 전세나 월세가 오르면 어떻게 합니까? 물론 그때마다 하나님이 도와주시겠지요. 결과적으로는 하나님이 함께하셔서 잘 이기게 하실 것입니다. 그러나 그렇게 되기까지 얼마나 마음고생이 되고 힘이 듭니까? 얼마나 답답하고 고통스러우며 자신의 무능함이 한심하게 느껴집니까?

그렇기 때문에 이스라엘 백성들도 기드온에게 왕이 되어 달라고 요구한 것입니다. 언제 무슨 일이 닥칠지 모르는데 하나님만 의지한다는 것은 너무 불안하다는 거예요. 자신들도 이제 좀 예측할 수 있는 정치를 하자는 것입니다. 그러나 이런 요구에 기드온이 보인 반응은 분명한 거절이었습니다. "기드온이 가로되 '내가 너희를 다스리지 아니하겠고 나의 아들도 너희를 다스리지 아니할 것이요 여호와께서 너희를 다스리시리라'"(8:24).

그 당시 이스라엘은 기드온만 원한다면 얼마든지 왕이 될 수 있는 분위기였습니다. 그러나 기드온은 백성들의 요청을 분명하게 거절했습니다. 요즘 정치인들처럼 "국민이 원한다면"이라는 말로 주저앉지 않았습니다. 이스라엘을 다스리는 분은 하나님이시라는 분명한 정치철학이 있었기 때문입니다. 이런 정치적인 문제는 이스라엘 백성들이나 자기가 결정할 수 있는 문제가 아니라 오직 하나님만 결정하실 수 있는 문제라는 것입니다. 미래를 대비하든 말든 예측할 수 있는 정치를 하든 말든 전부 하나님이 하실 일이라는 거예요.

오늘 그리스도인들의 정치철학은 무엇입니까? 그리스도인들이 무엇 때문에 시장 선거에 나가고 국회의원 선거에 나갑니까? 많은 사람들은 "내가 아니면 안 되기 때문에" 나간다고들 합니다. 그러나 사실은 그런 사람들 때문에 정치를 망치는 경우가 아주 많습니다. 정치는 하나님의 권세를 빌려 와서 이 세상을 질서 있게 만드는 것입니다. 성경에 나오는 '다스리다'라는 말은 '관리하다' 또는 '보살피다'라는 뜻이지, '군림하다' 또는 '지배하다'라는 뜻이 아닙니다. 정치는 약자를 보살펴 주고 도와주는 것입니다.

예를 들어 하나님은 사람들에게 공중의 새를 다스리는 권세를 주셨습니다. 어떻게 하는 것이 새를 다스리는 것입니까? 새알을 꺼내서 삶아 먹거나 새를 잡아서 조롱에 가두어 키우는 것이 다스리는 것입니까? 사람들은 새를 다스리라고 하면 아예 새를 잡아 버립니다. 물고기를 다스리라고 하면 잡아서 회를 떠 먹어요. 그러나 하나님이 새를 다스리라고 하신 것은 이를테면 새 새끼가 둥지에서 떨어져 있을 때 치료해서 다시 둥지에 넣어 주라는 것입니다. 뱀이 알을 먹으려고 할 때 그 뱀을 쫓아 주라는 것입니다. 새가 멸종하지 않도록 보호해 주고 관리해 주라는 거예요. 요즘 공해 때문에 소쩍새나 황새 같은 새들이 병들어 땅에 떨어지는 경우가 많이 생깁니다. 그럴 때 전문가들이 그 새들을 치료하여 다시 하늘로 날려 주곤 하는데 이것이 바로 다스리는 것이고 정치하는 것입니다.

정치가 바르게 이루어지려면 약자들이 억울하게 자기 소유를 잃는 일이 없어야 합니다. 반면에 사기나 부정직한 방법으로 남의 소유를 노리는 자들은 무력으로 응징되어야 합니다. 정치인들은 돈이 필요하고 기업가나 금융인들은 정치적인 보호가 필요하니까 일종의 커넥션을 만들어 상부상조해 가면서 약자들을 등쳐 먹는 것은 하나님을 거역하는 정치입니다. 하나님은 그런 악을 반드시 심판하십니다.

기드온은 '나 아니면 안 된다'는 생각을 버렸습니다. 이것이 정치인으로서의 삶을 깨끗하고 영광스럽게 마무리 지을 수 있게 해 주었습니다. 그는 '하나님이 모든 것을 하시기 때문에 내가 아니라도 얼마든지 다른 사람을 사용하여 내가 한 것 이상의 일을 하실 수 있다'는 것을 알았습니다.

이 세상에 있는 모든 권력자들은 하나님을 대리하는 자들입니다. 그러나 실제로는 그런 사람들이 없는 편이 더 좋을 때가 많습니다. 그럼에도 불구하고 뇌물을 좋아하고 부정한 방법을 쓰는 권력자들을 일종의 필요악으로 두시는 이유가 무엇입니까? 우리 안에 있는 죄성 때문입니다. 그런 권력자들마저 없다면 사람들은 금방 무정부 사태에 빠져서 그나마 하나님이 주신 질서마저 깨뜨리고 말 것입니다.

여기에서 한 가지 질문해 봅시다. 하나님의 다스림을 받는 생활은 정말 끊임없는 불안의 연속일까요? 하나님의 백성은 미래를 전혀 예측하지 못하고 있다가 문제가 생기면 그때부터 비로소 회의하고 나팔 부는 식으로, 늘 쫓기듯이, 늘 뒷북치며 살아야 합니까? 하나님은 이스라엘 백성들이 언제까지나 왕 없이 지내기를 바라시는 것입니까? 그렇지 않습니다. 하나님은 이스라엘 백성들에게 왕을 주실 일을 계획하고 계셨고, 모세도 언젠가는 왕의 제도를 세울 것이라고 분명히 말했습니다. 다만 지금은 훈련중이기 때문에 왕을 주시지 않고 안정된 생활을 주시지 않는 것일 뿐입니다.

하나님이 오늘 우리를 불안하게 하시고 미래를 예측할 수 없게 만드시는 것 또한 우리를 훈련시키시기 위해서입니다. 하나님은 우리가 좀더 적극적으로 훈련받기를 원하십니다. 그렇다고 해서 하나님이 함께하시는 삶이 언제까지나 불안하고 즉흥적인 것은 아닙니다. 하나님은 질서의 하나님이시며 체계를 세우시는 분입니다. 그러나 무엇보다 먼저 우리의 됨됨이를 중요하게 생각하시기 때문에 안정된 삶이나 제도 없이 하나님만 바라보며 사는 훈련을 시키시는 것입니다.

오늘 우리 그리스도인들은 어떤 정치철학을 가져야 합니까? 마틴 루터는 두 왕국 이론을 주장했습니다. 하나님은 이 세상에 두 왕국을 주셨는데 하나는 세상 나라이고 다른 하나는 교회라는 것입니다. 그래서 세상 나라는 칼로 다스리고 교회는 하나님의 말씀으로 다스린다고 했습니다. 이것은 사실입니다. 그러나 이 이론은 두 왕국을 지나치게 분리시킨 나머지 독일과 독일 교회의 타락을 초래하고 말았습니다. 후에 독일 고백 교회 사람들은 이 두 왕국 이론이 결국 히틀러 같은 독재자의 등장을 불러왔다고 주장하기도 했습니다. 루터가 두 왕국 이론을 내세운 것은 중세 천주교의 지나친 간섭에서 국가를 보호하기 위한 대응책이었다고 볼 수 있습니다. 그러나 이것은 또 다른 형태의 국가지상주의와 교회의 침묵이라는 부정적 결과를 낳았습니다.

우리 개혁 교회의 입장은 모든 영역에서 그리스도의 주권이 회복되어야 한다는 것입니다. 세상 정치의 원리가 교회의 원리와 같을 수는 없지만, 세상 정치도 상식이나 건전한 도덕적 기준을 넘어설 때에는 비판의 대상이 되어야 한다는 것입니다. 세상 정부 또한 마치 그리스도를 대신하여 다스리듯이 관리자로서 통치하며, 악이나 사탄적인 사상의 발흥을 억제해야 할 책임을 가지고 있습니다. 그리고 이런 그리스도의 주권은 정치뿐 아니라 문학이나 영화, 예술, 음악, 기타 모든 영역에서 실현되어야 한다는 것이 우리의 입장입니다.

종교적 실패

만일 기드온이 정치적인 은퇴로써 자신의 모든 사명을 끝냈다면 정말 흠 없는 믿음의 사람으로 역사에 길이 남았을 것입니다. 그러나 그는 정치적인 은퇴로 만족하고 못하고 종교적인 일에 종사할 욕심을 품었습니다. 그 욕심은 미디안 사람들에게서 빼앗은 금귀고리를 모아 에봇을 만드는 일로 나타났습니다. "기드온이 또 그들에게 이르되 '내가 너희에게 한 일을 청구하노니 너희는 각기 탈취한 귀고리를 내게 줄지니라' 하니 그 대적은 이스마엘 사람이므로 금귀고리가 있었음이라. 무리가 대답하되 '우리가 즐거이 드리리이다' 하고 겉옷을 펴고 각기 탈취한 귀고리를 그 가운데 던지니 기드온의 청한 바 금귀고리 중수가 금 1,700세겔이요 그 외에 또 새달 형상의 장식과 패물과 미디안 왕들의 입었던 자색 의복과 그 약대 목에 둘렀던 사슬이 있었더라. 기드온이 그 금으로 에봇 하나를 만들어서 자기의 성읍 오브라에 두었더니 온 이스라엘이 그것을 음란하게 위하므로 그것이 기드온과 그 집에 올무가 되니라"(8:24-27).

이스라엘 백성들은 미디안 군대를 몰아냄으로써 졸지에 모두 부자가 되었습니다. 십수만 명이나 되는 미디안 사람들이 전리품들을 전부 둔 채 죽거나 도망쳤기 때문입니다. 도둑 떼기 훔친 물건들을 전부 어떤 집에 두고 도망갔다고 생각해 보십시오. 그 집은 완전히 떼돈 버는 것입니다. 이스라엘 백성들은 한 번 믿음으로 일어섬으로써 그동안 잃어버린 것을 일거에 돌려받게 되었습니다. 이것이 하나님의 방법입니다. 하나님은 자기 백성들이 말씀대로 살지 않으면 가진 것을 싹 다 가져가십니다. 10년 동안 악착같이 번 돈이 단 한 번 사기로 다 날아가 버려요. 그러나 그들이 회개하고 일어서면 적의 것을 빼앗아 그동안 잃어버린 모든 것을 되찾게 하십니다.

지금까지 기드온은 자기에게 주어진 일에 몰두하느라 전혀 전리품을 챙기지 못했습니다. 기드온이 가진 것이라고는 세바와 살문나의 낙타 목에 걸려 있던 반달형 장식품이 고작이었습니다. 전쟁이 끝난 후 그는 이스라엘 백성들에게 자신의 몫을 요구했습니다. 그것은 다름 아닌 미디안 사람들의 금귀고리였습니다.

24절은 이들이 이스마엘 사람들이었기 때문에 전부 귀에 금귀고리를 달고 있었다고 말합니다. 동방 사람들은 거의 대개 이스마엘 자손들이었습니다. 이스마엘 남자들은 모두 금귀고리를 달고 다녔습니다. 사막을 다니는 도둑 떼일수록 딸랑거리는 금귀고리 장식을 좋아했던 것 같습니다. 그런 것이 아니면 다른 사람의 시선을 끌 만한 문화가 없었기 때문입니다. 여하튼 이스라엘 백성들은 기꺼이 귀고리를 모았는데, 그 무게가 무려 1,700세겔이나 되었습니다. 이것은 약 20킬로그램이 넘는 무게입니다. 이 금귀고리들은 이를테면 기드온의 퇴직금이었습니다.

기드온은 이것으로 에봇을 하나 만들었습니다. 문제는 바로 여기에서 시작됩니다. 에봇은 원래 제사장이 하나님을 섬길 때 입는 조끼 겸 앞치마 같은 겉옷으로서, 여러 가지 색실로 짠 굉장히 화려한 옷입니다. 그 위에는 이스라엘 열두 지파를 나타내는 열두 개의 보석을 달았고, 어깨에는 '우림'과 '둠밈'이라는 두 개의 보석을 달아 하나님의 뜻을 묻는 데 사용했습니다. 예를 들어 한쪽 보석이 빛을 내면 하나님이 승낙하신 것이며 다른 보석이 빛을 내면 거부한 것으로, 또 두 보석 다 변화가 없으면 응답하시지 않는 것으로 생각했던 것 같습니다.

그런데 중요한 것은 기드온이 왜 이런 에봇을 만들었는가 하는 점입니다. 그것도 왜 다른 금이 아니라 그들이 멸망시킨 이스마엘 사람들의 몸에서 빼낸 금귀고리로 이런 에봇을 만들었을까요? 이것은 기드온의 새로운 변신을 의미합니다. 다시 말해서 지금까지 정치인이자 군인의 자리에서 제사장이자 영적인 지도자의 자리로 옮긴 것입니다.

물론 기드온이 만든 에봇은 가짜 에봇입니다. 진짜 에봇은 금으로 만들지 않습니다. 천으로 짜게 되어 있고 거기에 여러 색깔의 보석을 달게 되어 있습니다. 또 진짜 에봇은 제사장이 입어야 가치가 있는 것입니다. 그러나 기드온의 에봇은 입기 위한 것이 아니라 세워두기 위한 에봇, 보기 위한 에봇이었습니다. 그렇다면 이 에봇은 무엇을 위한 것입니까? 숭배를 위한 것입니다. 성경은 기드온이 이것을 만들자마자 백성들이 음란하게 섬겼다고 기록하고 있습니다.

한 가지씩 차근차근 생각해 봅시다. 기드온은 왜 전리품으로 얻은 금을 가지고 이런 에봇을 만들었을까요? 자신이 계속적으로 하나님 앞에서 제사장의 역할을 감당해야겠다고 생각했기 때문입니다. 그는 미디안 사람들과 전쟁을 치르면서 하나님의 음성을 들었습니다. 놀랍게도 하나님을 직접 만나기도 했고 그 음성을 듣기도 했으며 표적을 체험하기도 했습니다. 또 자기 손으로 제사까지 드렸습니다.

기드온은 레위 지파 제사장이 아니었습니다. 그러나 하나님은 평신도인 그에게 바알 제단을 헐고 새 단을 쌓아 제사를 드리게 하셨고 그 제사를 받으셨습니다. 이것은 기드온에게 아주 중요한 체험이었습니다. 그가 하나님을 '여호와 살롬'이라고 부른 이유가 무엇입니까? 하나님이 레위인이 아닌 자의 제사도 받으시더라는 것입니다.

그렇다면 하나님은 왜 레위인이 아닌 기드온의 제사를 받으셨을까요? 그 당시에는 정상적인 레위인 제사장을 구하기가 어려웠기 때문입니다. 그래서 기드온이 평신도임에도 불구하고 그의 제사를 받으셨고 그에게 말씀하셨으며 그가 기도했을 때 표적을 보여 주신 것입니다.

그뿐만 아니라 하나님의 깊은 경륜 속에는 율법을 능가하는 무언가가 있습니다. 그것이 무엇입니까? 은혜입니다. 하나님은 기계적으로 일하시는 분이 아니십니다. 사람이 죽어 가고 있고 나라가 망해 가고 있는데 율법에 맞지 않는다고 해서 죽게 내버려 두시는 분이 아닙니다. 그는 우리의 상식이나 선입견을 뛰어넘어 죄인들을 만나기도 하고 용납하기도 하십니다. 그는 율법을 넘어 은혜로 일하시는 분입니다.

그러나 기드온이 잘못 생각한 것이 있습니다. 그것은 하나님이 아예 레위 제사장을 폐하시고 자신을 제사장으로 삼으신 것이 아닌가 하는 생각입니다. 그는 계속 하나님의 말씀을 듣고 싶었고 계속 그 역할을 감당하고 싶었던 것 같습니다. 그래서 제사 의식 중에 하나님의 뜻을 분별하는 부분만 떼어 와서 자신이 감당하려고 했습니다.

이 일은 기드온의 욕심과 진리에 대한 무지를 보여 줍니다. 정치보다 어려운 것이 종교입니다. 정치는 사람이 가지고 있는 죄성을 일시적으로 누르고 욕망의 균형을 잡는 것입니다. 그러나 종교는 사람의 죄성에 칼을 들이대고 수술을 하는 것입니다. 정치인으로 성공했다고 해서 목회자로도 성공할 수 있는 것이 결코 아닙니다. 자기 생각에는 '이렇게 하면 좋겠다'는 판단이 드는 상황이라도 실제로는 그 판단대로 되지 않을 때가 많습니다. 영적인 부분은 철저히 하나님 말씀대로 해야지, 그렇게 하지 않으면 엄청난 부작용을 낳게 됩니다. 그 점을 아주 잘 보여 주는 것이 바로 이 기드온의 에봇 사건입니다.

기드온이 일을 제대로 할 마음이 있었다면, 전쟁이 끝난 후에 레위인들을 불러 모아 제사장 직책을 감당하게 하고 그들을 통해 하나님의 말씀을 들었어야 했습니다. 그러나 그는 계속해서 자기가 직접 하나님의 말씀을 들으려고 했습니다. 아마 전쟁이 끝난 후부터 그에게는 말씀이 들리지 않았던 것 같습니다. 그래서 하나님이 제사장의 에봇을 통해 말씀하셨다는 사실을 기억하고, 그렇게 해서라도 말씀을 듣고자 했던 것으로 보입니다.

그러나 그 결과는 대실패였습니다. 이스라엘 백성들은 에봇을 완전히 우상으로 만들어 버렸습니다. 27절은 "온 이스라엘이 그것을 음란하게 위하므로"라고 말씀하고 있습니다. 음란하게 위한다는 것이 무슨 뜻입니까? 에봇은 실제로 입는 옷입니다. 제사장이 에봇을 입고 하나님 앞에 나아가 섬기면, 하나님은 에봇 자체에 무슨 능력이 있어서가 아니라 그 옷을 입은 제사장의 믿음을 보시고 은혜를 주셨습니다. 그러나 이제는 이 옷이 신이 되어 버렸습니다. 사람들은 에봇에 입을 맞추기도 하고 제물을 바치기도 하며 맹세를 하기도 했습니다. 심지어 이 옷에 대한 예배를 드리기도 하고, 예배 후에는 바알을 숭배할 때처럼 엄청난 술 파티나 섹스 파티까지 벌였던 것 같습니다.

이렇게까지 된 근본적인 원인이 어디에 있습니까? 종교적인 의식이나 모임에 성령이 함께하시지 않으면 결국 엉망진창으로 끝나게 되어 있습니다. 탐욕이 그 모임을 지배해서 급기야는 돈 문제가 불거져 나오고 성적으로 불미스러운 일이 터져 나오게 되어 있어요. 성령이 함께하시지 않는 종교는 인간의 욕망을 표출하는 장(場)이 되고 맙니다. 욕망으로 춤추다가 욕망으로 망하는 것입니다. 아무리 기드온이라 해도 하나님 앞에 말씀대로 나아가지 않았을 때 자신뿐 아니라 다른 사람들까지 망하게 만들 수밖에 없었습니다. 성령이 함께하시지 않는 의식이나 신앙운동은 모두 이단으로 보아야 합니다. 기드온의 신앙운동은 이단적인 운동이었습니다.

성령 없이 예배를 드리거나 신앙운동을 하면 반드시 분열과 상처와 금전적인 스캔들로 끝나게 되어 있습니다. 이보다 더 비참하고 더럽고 추악한 일이 없습니다. 만일 기드온이 교만을 버리고 자신의 영역을 정치적인 것에만 한정하고 은퇴했더라면 훌륭한 믿음의 사람으로 영원히 남았을 것입니다. 그러나 그는 말년에 이단 지도자 비슷한 처지로 몰락하고 말았고, 그 자식들 사이에는 피비린내 나는 살육이 벌어졌습니다.

금으로 만든 기드온의 에봇은 정치적인 성공을 종교의 영역 안으로 끌어들이는 사이비 종교의 상징입니다. 가끔 보면 세상적인 지위를 신앙의 세계 안에 그대로 끌고 들어와 영적인 제사장 역할까지 하려 드는 사람들이 있습니다. 어떤 이들은 변호사나 의사나 교수의 신분을 그대로 유지하면서 목회를 하려 들기도 합니다. 이것은 금으로 만든 에봇의 한 예입니다. 목회를 하려면 세상 직업을 포기하고 바닥부터 시작해야 합니다. 그래야 하나님의 말씀을 가르칠 수 있는 것이지, 한순간에 종교적인 영역으로 뛰어올라와서 말씀을 가르칠 수 있는 게 아니에요. 목회는 죄를 수술하는 일이기 때문에 사람의 생각과 많이 다릅니다.

평신도들 중에 사회적으로 성공한 사람들은 자기도 한번 다른 사람들에게 설교하고 싶다는 열망을 갖기 쉽습니다. 목사의 설교를 매주 들어 보면 그리 신통치가 않습니다. 그런데 자기는 지식도 있고 경험도 있으니 여러 신앙서적들을 참고해 가며 설교하면 못할 것도 없을 것 같습니다. 물론 기드온의 경우처럼 전시 상황이라든지 레위인을 구할 수 없을 때에는 예외적으로 평신도가 쓰임받을 수도 있습니다. 그러나 그 후에는 원래 자신의 위치로 돌아가야 합니다. 기드온은 전쟁이 끝난 후 평신도의 자리로 돌아갔어야 했습니다. 그리고 레위인 제사장을 세워서 모든 백성들을 바른 방법으로 하나님께 나아가도록 가르치게 했어야 옳습니다. 그러나 그는 하나님이 자기에게 직접 말씀하셨던 그 감동, 표적이 따르던 그 역사들을 포기하고 싶지 않았습니다. 그래서 레위인의 직분 중에 신탁(神託)에 해당하는 에봇만 떼어 내 자기 역할로 삼았습니다. 이것은 에봇지상주의를 낳았고, 결국 실패한 신앙운동으로 역사에 남게 됩니다.

열왕기서에는 웃시야 왕이 하나님께 직접 제사를 드리려고 하다가 문둥병에 걸려 성전에서 추방되는 사건이 나옵니다. 이것은 또 하나의 황금 에봇 사건이라고 할 수 있습니다. 하나님과 사람을 연결하는 일은 하나님이 직접 사람을 세워 맡기십니다. 자기가 하고 싶다고 해서 맡을 수 있는 일이 아니에요. 하나님은 우리가 자신에게 주어진 한 영역에 만족하며 충성하기를 원하십니다.

기드온의 사생활

이제 우리는 기드온의 마지막 삶에서 가장 추악하고 아름답지 못한 부분을 보게 됩니다. 그것은 수십 명의 아내를 거느리고 그들로부터 70명의 아들을 낳은 일입니다. "요아스의 아들 여룹바알이 돌아가서 자기 집에 거하였는데 기드온이 아내가 많으므로 몸에서 낳은 아들이 70인이었고 세겜에 있는 첩도 아들을 낳았으므로 그 이름을 '아비멜렉'이라 하였더라"(8:29-30).

기드온에게는 아들만 70명이 있었습니다. 아들을 이만큼 낳았을 정도니 딸도 적었을 리가 없습니다. 그렇다면 부인이 도대체 몇 명이나 있었다는 것입니까? 게다가 그는 첩도 두었습니다. 부인과 첩의 차이는 무엇일까요? 정식 부인들은 첫번째 부인, 두번째 부인 하는 식으로 서열이 매겨져 있습니다. 그러나 첩은 서열이 없습니다. 이를테면 군번 없는 아내인 셈입니다. 지금도 아랍 지역에서는 왕이나 귀족이 외국에 나갈 때 여럿 되는 부인들을 다 데리고 갑니다. 부인들에게는 똑같은 자격이 주어져 있기 때문입니다. 그러나 첩은 따라가지 못하게 되어 있습니다.

기드온은 언제부터 이런 대규모 부인 집단을 거느리게 되었을까요? 아마 처음부터 이렇게 하지는 않았을 것입니다. 아마도 그가 이상한 신앙운동을 한 후부터 영성이 떨어지고 분별력이나 절제력이 급격히 사라지면서 이런 짓을 저지르게 된 것 같습니다.

우리 그리스도인들은 계속 긴장해야 하는 사람들입니다. 그러나 계속적인 긴장은 사람을 유치하게 만들 때가 많습니다. 그래서 긴장이 풀리면 전에 긴장했던 만큼 더 심하게 육체적인 정욕에 빠짐으로써 감정의 균형을 잡으려 들기가 쉽습니다. 그럴 때 파고 들어오는 것이 성적인 유혹입니다. 그리스도인들은 어떤 의미에서 항상 성을 억제하며 사는 사람들이라고 할 수 있습니다. 늘 듣는 말이 "하나님은 성적인 죄를 가장 싫어하신다"는 거예요. 그래서 성적인 충동은 절대 금지되어야 한다는 생각을 항상 하고 있습니다. 그러다가 한번 긴장이 풀리면 어떻게 됩니까? 성욕이 굉장히 무섭게 덤벼듭니다. 다른 어떤 정욕보다 성욕이 먼저 덤벼듭니다.

이런 일을 겪은 대표적인 인물이 다윗입니다. 성경의 인물들 중에 다윗 같은 사람이 어디 있습니까? 그는 훌륭한 찬양을 많이 지은 사람입니다. 오늘날 어떤 작곡가도 다윗의 찬양을 따라가지는 못할 것입니다. 그는 작곡자였고 연주자였으며 노래하는 사람이었습니다. 그뿐 아니라 용사이며 정치가이자 군인이기도 했습니다. 그는 전쟁 때문에 계속 긴장하고 있었습니다. 그런데 한순간 긴장을 풀었을 때, 하필이면 다른 사람의 아내가 목욕하고 있는 모습이 눈에 들어왔습니다. 그러자 무서운 욕망이 그를 덮쳐 버렸습니다.

다윗 자신은 물론이고 오늘 우리들에게도 가장 안타까운 것이 바로 이 부분입니다. 다윗은 왜 이 유혹에 걸려 넘어질 수밖에 없었을까요? 여기에만 걸려들지 않았어도 참으로 위대한 믿음의 사람으로 남았을 텐데, 이 유혹을 이기지 못하는 바람에 그 후에 오고 오는 그리스도인들이 그에 대해 이야기할 때마다 밧세바를 언급하게 되지 않았습니까?

그러나 하나님께서는 다윗의 수치를 그대로 폭로하심으로써 그를 치료하셨습니다. 만약 그 죄가 감추어졌다면 우리는 천국에서 그를 만나지 못하게 되었을지도 모릅니다. 그렇게 많은 찬송가를 지었고 골리앗을 쓰러뜨렸으며 이스라엘을 구원하였고 하나님과 동행했던 믿음의 용사가 지옥에 떨어진다는 것을 생각해 보십시오. 골리앗이 얼마나 기쁘게 맞이하겠습니까? 다윗은 자기의 죄가 드러나고 수치를 당하더라도 용서받는 편이, 죄를 감추고 지옥에 가는 것보다 낫다고 고백했습니다.

그러나 기드온은 긴장이 풀어져서 죄에 빠진 경우는 아니었던 것 같습니다. 그는 전쟁이 끝난 후 하나님의 방법이 아닌 다른 방법으로 말씀을 들으려고 했고, 그 때문에 성령의 역사가 떠나 버렸습니다. 그 후에도 그는 계속 정신을 차리지 못하고 육체적인 욕망에 빠져 산 것으로 보입니다. 아마도 이 많은 부인들은 에봇 숭배와 관계가 있지 않았을까요? 황금 에봇을 음란하게 섬기러 왔던 여자들 중에 남은 자들이 하나둘씩 아내가 되었을 가능성이 있습니다. 그의 이 많은 아내들은 그가 음란하고 방탕하게 하나님을 떠난 삶을 살면서도 전혀 깨닫지 못했다는 사실을 보여 줍니다.

성경이 내리고 있는 결론이 무엇입니까? "기드온이 이미 죽으매 이스라엘 자손들이 돌이켜 바알들을 음란하게 위하고 또 바알브릿을 자기들의 신으로 삼고 사면 모든 대적의 손에서 자기들을 건져내신 여호와 자기들의 하나님을 기억지 아니하며 또 여룹바알이라 하는 기드온의 이스라엘에게 베푼 모든 은혜를 따라서 그의 집을 후대치도 아니하였더라"(8:33-35). 다시 말해서 기드온의 승리나 개혁은 완전히 잊혀지고 말았다는 것입니다.

몇 년 전에 〈Forgotten Spurgeon〉이라는 책을 읽은 적이 있습니다.

영국에서 스펄전은 잊혀진 사람이 되었습니다. 영국 사람들은 그를 원래의 스펄전이 아닌 왜곡된 모습으로 알고 있으며, 진정한 그의 정신을 잃고 말았습니다. 이제 우리는 〈Forgotten Gideon〉이라는 책을 하나 써야 할 것 같습니다. 기드온은 이스라엘 백성들 안에서 완전히 잊혀진 사람이 되고 말았습니다. 그 이유가 무엇입니까? 기드온의 개혁이 근본적인 개혁이 되지 못했기 때문입니다. 바알 숭배로 하나님께 버림받은 이스라엘 백성들에게 하나님의 살아 계심을 보여 주기는 했지만 그들을 근본적인 회개의 차원으로 이끌어 가지는 못했습니다. 그래서 기드온이 살아 있을 때도 그러했지만 죽은 후에는 더더욱 그의 존재와 그가 행한 모든 개혁운동을 흔적조차 찾아볼 수 없게 되어 버렸습니다. 이처럼 그의 개혁은 본질을 전혀 건드리지 못하는 피상적인 것으로 끝나고 말았습니다.

우리가 질문해야 할 것은 이것입니다. 어떻게 하면 우리의 신앙을 피상적인 사탕발림이 아닌 근본적인 치료와 수술이 되게 할 수 있습니까? 7년 간의 고통이나 기드온의 승리로도 이스라엘의 병을 고칠 수 없었다면 도대체 어떻게 해야 그 병을 고쳐서 하나님을 깊이 사랑하며 섬기게 할 수 있습니까? 어떻게 해야 겉으로는 대충 믿는 척하다가 상황만 조금 좋아지면 예전의 죄성으로 돌아가는 피상적인 개혁에 그치지 않고, 골수를 완전히 쪼개 진정한 하나님의 백성으로 돌아오게 할 수 있습니까?

이것은 오늘 우리도 계속 반복하고 있는 일입니다. 어려운 일이 닥치면 하나님 앞에 손이 발이 되도록 기도하고 큐티도 빼먹지 않다가, 어려움이 조금이라도 해결되는 것 같으면 정확히 원래의 위치로 돌아가 버립니다. 성령께서 우리 안에 있는 깊은 죄성과 하나님의 진노를 생생하게 비추어 주시기 전까지는 피상적인 치료를 벗어날 길이 없습니다. 오늘 성령께서 우리 안에 도저히 치료되지 않는 이 부분을 보여 주시고 수술해 주셔서 우리의 예배와 신앙을 본질적으로 치료해 주시기를 바랍니다.

8
아비멜렉의 반란과 요담의 책망

…… "너희가 오늘날 일어나서 우리 아버지의 집을 쳐서 그 아들 70인을 한 반석 위에서 죽이고 그 여종의 아들 아비멜렉이 너희 형제가 된다고 그를 세워 세겜 사람의 왕을 삼았도다" …….

사사기 9:1 - 21

한때 우리나라 정치가 총칼을 가진 군인들에게 강압적으로 장악된 적이 있었습니다. 이런 군인들의 정권은 엄청난 희생을 치른 끝에 좀더 온전한 민주정치를 원하는 학생과 시민들에 의해 무너져 다시 민간인의 손에 넘어가게 되었습니다. 우리나라 현대사는 길지 않지만, 이처럼 잘못된 정권의 수립과 그에 반대하는 학생·시민 운동이 반복되는 일종의 사이클로 이루어져 있습니다. 정권이 부정부패로 썩을 대로 썩었을 때 학생과 시민들은 그에 반대하는 민주혁명을 일으켜 정권을 바꾸었습니다. 이 정권은 군사 쿠데타에 의해 군인들의 손에 넘어갔습니다. 온전한 자유를 원하는 학생과 시민들은 많은 희생을 무릅쓰고 다시 그 군사정권에 반대하는 운동을 벌임으로써 결국 민간정부가 들어설 수 있는 길을 닦았습니다.

어떻게 보면 권력은 한번 칼자루를 잡은 사람의 손에 영원히 머물러 있을 것 같습니다. 그러나 이상하게도 어느 한순간에 기존 정권은 무너지고 새로운 세상이 펼쳐집니다. 그래서 우리나라 사람들은 3.1 운동이나 4.19 혁명, 5.18 광주 민주화 항쟁 등을 우리나라 민주주의 발전을 위한 중요한 사건들로 생각하고 있습니다. 이것은 모두 자유와 민주화를 원하는 학생과 시민들이 불의한 정권의 탄압과 압제에 대항해서 거의 맨주먹으로 투쟁한 운동들이기 때문입니다.

그러나 5.16 군사 혁명은 이 운동들과 그 성격이 완전히 다릅니다. 이것은 시민들이 맨주먹으로 일어선 운동이 아니라 총칼을 든 군인들이 무력으로 정권을 차지한 쿠데타였습니다. 5.16 혁명은 앞으로도 누구든지 총칼만 있으면 정권을 찬탈할 수도 있다는 가능성을 보여 줌으로써, 급기야 12.12 사태와 그 후의 군사 독재를 불러왔습니다.

이처럼 군사 쿠데타는 우리나라 정치를 10년 이상 후퇴시켰을 뿐만 아니라 사람들에게 정신적인 악영향을 끼쳤습니다. 그 중에 중요한 것 하나가 '한탕주의' 입니다. 밑에서부터 꾸준히 기초를 닦아 가며 올라갈 필요가 없다는 거예요. 한탕이면 끝나는데 그렇게 힘을 쓸 필요가 뭐가 있느냐는 것입니다. 이런 한탕주의는 상하관계나 동기간의 기본적인 신뢰를 무너뜨렸습니다. 한순간에 모든 것이 뒤집히는 판에 상하관계나 동기간이 다 무슨 필요가 있습니까? 이런 생각이 지배적이 되다 보니 질서도 사라져 버렸고, 불의한 것이 있을 때 참고 기다리지도 못하게 되어 버렸습니다. 한순간에 다 뒤집어 버리면 그만이지 뭘 오래 기다리냐는 것입니다.

우리도 모르는 사이에 스며든 이런 의식은 오늘날 지구촌으로 불리는 국제 사회에서 대단히 비싼 대가를 지불하게 만들고 있습니다. 외국인들은 우리의 급한 성격이나 한탕주의, 목적을 위해서는 상하좌우 가리지 않는 행동을 이해하지 못합니다. 지금 우리는 엄청난 실업자를 거리에 쏟아 내는 비싼 대가를 치르면서 질서를 새로 배워 가고 있습니다.

사사기 9장 전반부에는 이스라엘 최초의 군사 쿠데타가 등장합니다. 쿠데타를 일으킨 장본인은 기드온의 첩이 낳은 아들 아비멜렉이었습니다. 아비멜렉은 첩의 자식이어서 그랬는지 기드온의 다른 아들들로부터 상당히 소외당했던 것 같습니다. 그래서 그는 아버지 기드온이 죽자 외가인 세겜 사람들을 부추겨 쿠데타를 일으켰습니다. 그는 70명에 이르는 기드온의 아들들을 다 죽이고 스스로 왕이 되었습니다.

성경은 이 아비멜렉의 쿠데타를 아주 중요한 사건으로 다루고 있습니다. 아비멜렉은 아무런 자격 없이 이스라엘을 다스리려 했으며, 이 쿠데타는 이스라엘과 좋은 관계에 있던 이방 세력들을 유혹해서 하나님을 대적하게 만드는 악영향을 끼쳤기 때문입니다.

오늘 특히 중요한 것은 아비멜렉의 반란과 세겜 사람들의 동조에 대한 요담의 평가입니다. 지금까지는 이스라엘 백성들 중에 스스로 왕이 되고자 하는 사람이 아무도 없었습니다. 왜냐하면 하나님이 각자에게 주신 귀중한 사명과 역할이 있었기 때문입니다. 그러나 아비멜렉과 세겜 사람들은 아무도 왕이 될 생각을 하지 않는 이스라엘 백성들을 바보로 여겼습니다. 그래서 자기들이 이스라엘의 왕이 되려고 했습니다. 요담은 그들에게 "우리가 왕이 되려 하지 않는 것은 바보라서가 아니라 각자 받은 분깃과 달란트가 있기 때문"이라고 밝힙니다. 그는 하나님의 질서를 지키지 않고 스스로 높아지려고 하는 자는 자기도 망할 뿐 아니라 자기를 따르는 자들도 망하게 만들 것이라고 일침을 놓습니다.

무엇이 이 반란을 가져왔는가?

어느 곳에서든지 반란이 일어나려면 반드시 그럴 만한 여건이 조성되어 있어야 합니다. 즉 혼란이 장기화되어서 무언가 특단의 조치를 내리지 않으면 안 된다는 위기감이나 공감대가 형성되어 있어야 한다는 것입니다. 그러나 아비멜렉의 반란은 이런 위기감과는 아무 상관이 없었습니다. 그는 순전히 다른 사람들 위에 군림하고 싶다는 욕망 때문에 반란을 일으켰습니다. "여룹바알의 아들 아비멜렉이 세겜에 가서 그 어미의 형제에게 이르러 그들과 외조부의 온 가족에게 말하여 가로되 '청하노니 너희는 세겜 사람들의 귀에 말하라. 여룹바알의 아들 70인이 다 너희를 다스림과 한 사람이 너희를 다스림이 어느 것이 너희에게 나으냐? 또 나는 너희의 골육지친임을 기억하라'"(9:1-2).

물론 아비멜렉에게 반란을 일으킬 빌미를 제공한 일은 있었습니다. 그것은 기드온이 너무 많은 아들들을 낳았다는 것입니다. 아비멜렉은 세겜 사람들에게 "여룹바알의 아들 70인이 다 너희를 다스림과 한 사람이 너희를 다스림이 어느 것이 너희에게 나으냐?"고 묻습니다. 무슨 뜻입니까? 70명의 아들들이 이미 왕 같은 생활을 하고 있었다는 것입니다. 말로는 왕이나 왕자라고 하지 않았지만 실제로는 왕 같은 특권을 누리며 살았다는 거예요. 그런데 아비멜렉은 첩의 소생이었기 때문에 이 70명에게 따돌림을 당했습니다. 어쩌면 이들이 정말 왕처럼 행세할까 봐 위기감을 느꼈을지도 모르겠습니다. 그래서 그는 자기 외가인 세겜으로 갔습니다.

여기에서 중요한 것은 세겜 사람들이 어떤 사람들이냐 하는 점입니다. 이들은 이스라엘 백성이 아니었습니다. 그러나 이스라엘 백성들과 대단히 우호적인 관계에 있었고, 특히 어떤 조약을 맺고 있었던 것 같습니다. 요담은 세겜 사람들이 아비멜렉을 도와 기드온의 아들들을 죽인 일에 대해, 그들이 진실과 의로움과 신의를 저버렸다고 비난했습니다.

다시 말해서 아비멜렉의 반란이란, 정작 이스라엘 사람들은 아무도 왕이 되려 하지 않는데 이방의 피가 섞인 아비멜렉이 이방인인 세겜 사람들과 결탁하여 기드온의 아들들을 죽이고 스스로 왕이 된 사건입니다. 왜 이스라엘 백성들은 아무도 왕이 되려고 하지 않는데 아비멜렉은 왕이 되려고 했을까요? 그리고 세겜 사람들은 왜 이스라엘과의 신의를 그토록 빨리 저버리고 반기를 들게 되었을까요?

 우선 이런 일이 일어나게 된 일차적인 원인은 기드온에게 있습니다. 기드온은 자기 입으로는 왕이 아니라고 했지만 실제로는 거의 왕에 가까운 생활을 했습니다. 아들이 70명이나 된다는 것이 그 중 거입니다. 왕이 아니고서야 어떻게 그렇게 많은 아들들을 둘 수 있겠습니까? 기드온은 자신의 주장과 달리 말년에 거의 정권에 가까운 것을 만들었고, 아들들에게도 왕에 가까운 지위와 권세를 주었던 것이 분명합니다.

 이처럼 아비멜렉이 이런 엄청난 짓을 하게 된 원인은 하나님의 지도지기 말씀에 순종하지 않은 데 있었습니다. 하나님은 그 백성이 말씀에 순종하기만 하면 성령으로 그들의 삶을 안팎으로 지켜 주겠다고 약속하셨습니다. 그러나 기드온이 말씀에 순종하는 체하면서 실제로는 자기 욕심대로 행했을 때, 하나님은 가장 가까운 곳에서 반란이 일어나게 하셨습니다. 아비멜렉의 쿠데타는 외부의 침략보다 내부의 반란이 얼마나 치명적이며 오랜 상처를 남기는지 보여 주고 있습니다.

 우리가 이렇게 살 수 있는 것은 하나님의 일반은총 덕분입니다.

하나님은 일반은총으로 이 세상의 모든 것을 질서 있게 붙들어 아름답게 유지되게 하십니다. 그러나 권력을 맡은 자가 자기 욕심을 채우기 위해 권력을 남용하면 그들을 지탱해 주고 있던 이 은혜를 거두셔서 안에서부터 반역과 불신이 터져 나오게 하십니다. 이것이 죄를 다루시는 하나님의 한 방법입니다. 지도자가 하나님을 대신해서 겸허하게 백성들을 다스리지 않을 때, 자기에게 권력이나 힘이 주어졌다고 해서 그 힘을 남용할 때, 하나님은 일반은총을 거두십니다. 그러면 그 나라는 반란이나 데모 진압하다가 세월 다 보내는 거예요. 그리고 엉뚱한 데서 군사 반란이 일어납니다. 가정도 마찬가지입니다. 자기가 가장이라고 해서 멋대로 가정을 이끌어 나가면 끊임없이 문제가 터져 나오게 되어 있습니다.

기드온이 정말 자기 소신대로 왕이 되기를 거부하고 평범한 삶으로 돌아갔더라면 아비멜렉이 감히 이런 쿠데타를 일으킬 생각을 했겠습니까? 정권 자체가 없는데 무슨 쿠데타를 일으킬 수 있었겠습니까? 기드온이 자기 말과 달리 정권 비슷한 것을 만들어 놓았고 70명의 아들들이 다 왕같이 군림하고 있었으니까 이런 쿠데타가 가능했던 것이지요.

성경은 이와 같은 상황에 대해 '하나님이 내버려 두신다'고 표현합니다. "또한 저희가 마음에 하나님 두기를 싫어하매 하나님께서 저희를 그 상실한 마음대로 내어버려 두사 합당치 못한 일을 하게 하셨으니"(롬 1:28). 하나님은 사랑하는 자가 죄짓는 방향으로 나가려고 할 때마다 끊임없이 개입하십니다. 어디를 틀든지 꼭 틀어서 결국 자기 욕심대로 못하게 만드십니다. 그런데 분명히 죄임에도 불구하고 내버려 두실 때에는 굉장히 무서운 심판인 줄 알아야 합니다. 뛰는 자 위에 나는 자가 있다고, 그때에는 프로 죄인들이 와서 아마추어 죄인들을 깨끗이 청소해 버립니다.

이 반란의 의미

아비멜렉은 정권을 찬탈하기 위해 세겜 사람들을 끌어들였습니다. "그 어미의 형제들이 그를 위하여 이 모든 말을 온 세겜 사람들의 귀에 고하매 그들의 마음이 아비멜렉에게로 기울어서 말하기를 '그는 우리 형제라' 하고 바알브릿 묘에서 은 70개를 내어 그에게 주매 아비멜렉이 그것으로 방탕하고 경박한 유를 사서 자기를 좇게 하고"(9:3-4).

세겜 사람들은 가나안 족속이었지만 이스라엘 백성들의 통치 안에 들어와 있었습니다. 물론 하나님의 백성이 된 것은 아니었지만 그 은혜의 영역 안에 들어와 있는 자들이었습니다. 구약성경에서 '나그네' 또는 '외인'이라고 부르는 사람들이 바로 이런 사람들입니다. 하나님은 가나안 땅에 있는 모든 이방인들을 쫓아내든지 죽이게 하셨지만, 세겜 사람들처럼 이스라엘 백성의 종이 되고자 하는 자들은 오히려 보호하고 지켜 주셨습니다. 이를테면 세겜 사람들은 영주권을 가진 외국인이었던 셈입니다. 그런데 아비멜렉은 바로 이런 이방인들을 충동질해서 이스라엘을 배반하게 만들었습니다.

물론 세겜 사람들은 여호와를 섬기지는 않았습니다. 그들이 아비멜렉에게 준 돈은 바알브릿의 묘에서 꺼내 온 것인데, 바알브릿의 묘는 일종의 사당 같은 것입니다. 여기에서 "브릿"은 '언약'을 의미합니다. 원래 바알은 언약의 신이 아닙니다. 오직 여호와만 언약의 신이십니다. 그런데 그들이 바알브릿을 섬겼다는 것은 바알을 여호와 종교처럼 변색시켜서 섬겼다는 뜻이 아닌가 합니다. 즉 바알 신앙과 여호와 신앙을 섞은 새로운 종교를 만들어 믿었다는 것이지요.

가나안 땅에서 이스라엘 사람들의 종이 된 이방인들을 하나님은 사랑하셨습니다. 그래서 그들에게 안식일을 허락하셨고 생명도 보장해 주셨습니다. 이들은 선교의 일차적인 대상이었습니다. 그러나 아비멜렉이 무슨 짓을 했습니까? 겨우 이스라엘에게 복종하고 있는 이 이방인들을 몽땅 유혹하고 선동해서 이스라엘의 멍에를 벗게 했습니다. 즉 이스라엘의 종들로 하여금 반란을 일으키게 한 것입니다. 그들은 인간 이하의 취급과 학대를 받았기 때문에 반란을 일으킨 것이 아닙니다. 이스라엘 백성들이 하는 짓이 우습고 마음에 차지 않아서 배신한 것입니다.

이 세상 사람들도 얼마든지 하나님의 은총을 입을 수 있습니다. 그러나 그 은총을 입으려면 하나님 백성들을 섬기는 멍에를 자발적으로 메야 합니다. 즉 하나님의 백성들 앞에서 겸손해야 하는 것입니다. 그런데 세겜 사람들은 이스라엘이 너무나도 평범했기 때문에 그들을 의지하지 않기로 했습니다. 사람들은 튀는 것을 좋아합니다. 특별하고 유별나야 무언가 좋은 것이 있으리라고 생각해요. 평범한 것은 시시하게 여겨서 좋아하지 않습니다. 그러나 세겜 사람들이 이스라엘의 멍에를 벗고 튀는 인물인 아비멜렉을 택한 것은 자멸로 가는 길이었습니다.

그들은 바알브릿 묘에서 꺼낸 은 70개를 거사 자금으로 주었습니다. "바알브릿 묘에서 은 70개를 내어 그에게 주매 아비멜렉이 그것으로 방탕하고 경박한 유를 사서 자기를 좇게 하고 오브라에 있는 그 아비의 집으로 가서 여룹바알의 아들 곧 자기 형제 70인을 한 반석 위에서 죽였으되 오직 여룹바알의 말째 아들 요담은 스스로 숨었으므로 남으니라"(8:4-5). 아비멜렉은 받은 돈으로 불량배들을 사모아 자기 사병으로 삼았습니다. 마치 이스라엘판 '용의 눈물'을 보는 것 같습니다. 그는 이들을 이끌고 집으로 돌아가 형제 70명을 한 반석 위에서 죽여 버렸습니다.

아비멜렉의 거사가 의미하는 것이 무엇입니까? 이스라엘에는 왕이 없기 때문에 짝짜꿍이 맞는 사람 몇 명만 있으면 한탕 벌여서 이스라엘을 마음대로 끌고 나갈 수 있다는 것입니다. 지금까지는 자신의 영역을 벗어나 다른 사람들 위에 군림하고자 했던 사람이 한 명도 없었습니다. 그러나 아비멜렉은 이스라엘 안에서도 얼마든지 정치적인 기술을 쓸 수 있다는 것, 칼자루를 쥔 사람 몇 명만 보강

하면 모든 것을 자기 마음대로 차지할 수 있다는 가능성을 최초로 보여 주었습니다.

하나님이 사람에 대한 윤리 계명 중 첫번째로 주신 것이 무엇입니까? "네 부모를 공경하라. 그리하면 너의 하나님 나 여호와가 네게 준 땅에서 네 생명이 길리라"(출 20:12). 여기에서 부모를 공경하라는 것은 어떤 질서 안에 자기 자신을 제한시키라는 말입니다. 튀지 말라는 거예요. 최고가 되지 말라는 것입니다. 우리 안에는 최고가 되고 싶어하는 기질이 있습니다. 이런 기질은 죄와 연결됩니다. 최고가 되면 다른 사람들을 자기 마음대로 부리면서 하나님을 두려워하지 않게 됩니다.

하나님이 주신 축복을 오래 누릴 수 있는 비결, 내 안에 정말 무서운 죄성이 있다는 것을 알고 스스로 어떤 질서 안으로 들어가서 자발적으로 통제받는 것입니다. 이것이 부모를 공경하라는 계명의 정신입니다. 사람은 누구나 부모가 있고 일정한 나이가 될 때까지 그 부모의 권위에 복종해야 하는 것처럼, 이 세상에서도 제멋대로 살려고 하지 말고 항상 어떤 질서 안에 들어가 복종해야 죄를 지을 가능성이 줄어든다는 것입니다. 우리는 '하나님이 지금까지는 놀라운 은혜를 주셨지만 어느 한순간 전부 거두어 가시면 어떻게 하나' 가끔 불안해질 때가 있습니다. 그러나 그런 걱정을 할 필요가 없습니다. 하나님은 우리가 어떤 질서 안에 들어가 있기만 하면 우리 생명이 길리라고 말씀하셨기 때문입니다.

그런데 쿠데타는 질서를 완전히 붕괴시켜 버립니다. 쿠데타가 한 번 일어나면 약 100년 정도는 사람들의 마음속에서 기본적인 질서의 개념이 사라져 버립니다. 상하관계도 없고 신뢰관계도 없습니다. '힘이 최고'라는 생각 때문에 아무도 다른 사람의 말을 들으려 하지 않게 됩니다.

물론 기드온이나 그의 아들들이 잘했다는 게 아닙니다. 그러나 이 세상의 악을 심판하실 분은 하나님입니다. 적어도 이스라엘 안에서는 그렇습니다. 때가 되면 하나님이 이스라엘의 죄를 심판하실 것입니다. 그럼에도 불구하고 아비멜렉이 열등감 때문에 자기 힘으로 70명의 형제들을 다 쳐 죽이고 스스로 왕의 자리에 올랐다는 것은 이스라엘 역사에 앞으로 상당 기간 동안 혼란이 일어나리라는 것을 예고합니다. 이제 누가 힘들게 밑바닥부터 차근차근 올라가려 할 것이며, 눈물을 흘려 가며 하나님의 때와 방법을 기다리려 하겠습니까? 눈에 불의가 보이면 그 자리에서 총을 한 빵 쏴 버리고 말지 무엇 때문에 답답하게 심판의 때를 기다리겠습니까? "꿩 잡는 것이 매"라고 결과만 좋으면 되는 것 아닙니까?

아비멜렉과 세겜 사람들의 반역은 하나님의 때를 기다리면서 자기에게 주어진 작은 일에 충성하고 있는 하나님의 백성들에게 엄청난 충격이요 좌절이었습니다. 이 일은 '아, 하나님의 나라에서도 결국은 힘센 자가 최고구나. 하나님의 뜻을 기다리면서 인내해 봤자 아무 소용 없구나. 나도 당장 세상으로 뛰어들어서 내 힘을 길러야겠다'는 생각을 불러일으켰습니다.

아비멜렉의 반역은 악의 승리입니다. 이것은 힘을 가진 자가 자기와 비슷한 비류들이나 깡패 조직을 끌어모아 무력으로 밀어붙이면, 아무리 하나님의 나라라 해도 얼마든지 뒤집어엎을 수 있다는 생각을 조장하는 굉장히 악한 사례가 되었습니다.

요담의 책망

요담은 70명에 이르는 기드온의 아들들 중 막내였습니다. 그는 이 무서운 살육의 현장을 피해 유일하게 목숨을 건질 수 있었습니다. 이때 요담이 죽음이 두려워 무조건 도망만 쳤다면 모든 것이 뒤죽박죽이 되어서 도무지 무엇이 옳고 그른지 알 수 없게 되었을 것입니다. 그러나 요담은 도망치기 전에 이들이 한 짓을 평가하고 책망했습니다. 그의 결론이 무엇입니까? 이스라엘이 가만히 앉아서 당하고 있는 것은 결코 힘없는 바보라서가 아니라 하나님의 능력을 믿기 때문이라는 것입니다. 인간의 능력을 믿고 있는 아비멜렉 일당이 지금은 똑똑해 보여도 결국은 망한다는 것입니다.

요담은 세겜 사람들에게 한 비유를 듭니다. "혹이 요담에게 그 일을 고하매 요담이 그리심 산 꼭대기로 가서 서서 소리를 높이 외쳐 그들에게 이르되 '세겜 사람들아, 나를 들으라. 그리 하여야 하나님이 너희를 들으시리라'"(9:7).

하루는 숲에 있는 나무들이 자기들의 왕을 뽑기로 했습니다. 그래서 먼저 감람나무에게 가서 왕이 되어 달라고 했습니다. 그랬더니 감람나무는 "기름으로 하나님과 사람을 영화롭게 해야 할 내가 어떻게 그 사명을 버리고 왕이 되어 나무들 위에서 잘난 체하겠느냐?"며 거절했습니다. 다음에는 무화과나무를 찾아갔습니다. 그러나 무화과나무 역시 "열매로 사람들에게 맛있는 것을 제공해야 할 내가 어떻게 이 귀한 사명을 버리고 왕이 되어 나무들 위에서 요동하겠느냐?"고 거절했습니다. 이번에는 포도나무를 찾아가 왕이 되어 달라고 부탁했습니다. 포도나무는 "어떻게 포도주로 하나님과 사람들에게 기쁨을 주는 일을 버리고 나무들 위에서 요동하겠느냐?"고 했습니다. 할 수 없이 나무들은 가시나무를 찾아갔습니다. 그러자 가시나무는 깜짝 놀라는 체하면서 "정말 나를 왕으로 삼으려면 내 그늘에 피하라"며 나무들을 자기 가시 안에 다 가두어 버렸습니다. 그리고 자기 맘대로 하지 않으면 불이 나와서 모든 나무를 태워 버릴 것이라고 했습니다.

요담이 이 비유를 통해 하고 싶었던 말이 무엇입니까? 왜 그동안 이스라엘 사람들이 스스로 왕이 되려고 하지 않았는지 생각해 보라는 것입니다. 그들이 왕이 되려 하지 않은 것은 각자 하나님께 받은 귀한 소명이 있었기 때문입니다. 감람나무는 기름으로 하나님께 봉사합니다. 하나님께 바치는 기름이 얼마나 귀합니까? 그러니까 다른 일을 욕심낼 여지가 없습니다. 기름 만드는 일만으로도 시간이 모자라요. 또 무화과나무는 열매를 맺는 것으로 만족합니다. 열매 맺는 일을 하나님이 주신 천직으로 생각하는 것입니다. 그러니까 왕이 될 생각이 전혀 없습니다. 또 포도나무는 어떻습니까? 자기같이 형편없는 나무에 이렇게 엄청난 열매가 맺히는 것만으로도 너무 과분합니다. 그는 이 포도 열매로 사람들을 기쁘게 하는 것을 소명으로 생각합니다.

하나님 백성들의 특징은 이처럼 모두 다 하나님 앞에 맡은 작은 할 일들이 있으며 거기에 만족한다는 것입니다. 그들은 자기 경계를 넘어서는 것을 죄로 생각합니다. 자기 일로 만족하고 자기 아내로 만족하며 자기 아이들로 만족합니다. 만나는 사람한테마다 "한 달에 얼마나 벌어요?"라고 묻지 않습니다. 수입이 적어도 충분히 감사하며 삽니다.

그러나 가시나무는 어떻습니까? 자기가 무엇 때문에 사는지 모릅니다. 그래서 다른 나무들도 다 자기처럼 만들어야 직성이 풀립니다. 나무들이 찾아와서 왕이 되어 달라고 했을 때 가시나무는 모두 자기 그늘 안으로 들어오라고 합니다. 가시나무에 무슨 그늘이 있다고 자기 그늘 안에 들어오라는 겁니까? 이것은 다른 나무들에게 전부 자기처럼 되라고 강요하는 것입니다. 그렇게 하지 않으면 자기 안에 있는 열등감과 분노의 불로 모든 나무를 태울 것이며 심지어 레바논의 백향목 같은 나무까지 다 태우겠다는 거예요.

실제로 가시나무의 용도는 딱 하나, 땔감으로 쓰이는 것입니다.

가시나무가 이것을 자신의 중요한 사명으로 생각했다면 다른 나무들이 왕이 되어 달라고 했을 때 "안 돼. 내 사명은 마지막에 불에 타서 다른 사람들을 따뜻하게 해 주고 땅을 데워 주는 거야"라고 했을 것입니다. 그리고 그렇게 했더라면 하나님이 그를 축복해 주셨을 것입니다. 그러나 가시나무는 자기가 무엇 때문에 존재하는지 알지 못했습니다. 그래서 자꾸만 높아지려고 했고 다른 나무들도 전부 자기처럼 만들려고 했습니다. 자기와 똑같지 않은 것을 보면 참을 수가 없어요. 심지어 나무 중에 최고인 레바논 백향목조차 보기 싫어서 태워 버리겠다고 합니다.

결국 감람나무나 포도나무, 무화과나무, 가시나무의 문제는 자아상의 문제로 귀결됩니다. 삶의 방식이나 인간관계는 자신을 어떻게 보느냐에 따라 근본적으로 달라지게 되어 있습니다. 이스라엘 사람들은 자기들이 하나님 앞에 무엇 때문에 존재하는지 알고 있었습니다. 하나님이 자기들에게 무엇을 찾으시며 다른 사람들이 자기들에게 무엇을 기대하는지 알고 있었어요. 하나님과 다른 사람들이 그들에게 원하는 것은 바로 작은 열매였습니다. 그것은 포도 열매일 수도 있고 감람 열매일 수도 있고 무화과 열매일 수도 있었습니다. 그들은 자기에게 주어진 그 작은 일에 만족했기 때문에 굳이 다른 사람들 위에 군림하거나 우쭐거릴 이유가 없었습니다.

그렇다면 이스라엘 백성들도 처음부터 이렇게 열매 맺는 나무였을까요? 그렇지는 않습니다. 그들도 처음에는 가시나무였습니다. 모세가 보았던 불붙은 가시나무는 바로 그들 자신의 모습이었습니다. 그들도 처음에는 자기들이 무엇 때문에 존재하는지 알지 못했던 사람들입니다. 그러나 하나님의 은혜로 변화되어 열매 맺는 귀한 나무가 될 수 있었습니다.

그러나 요담의 비유에 나오는 가시나무는 아직 하나님의 은혜를 체험하지 못했습니다. 자기가 얼마나 못생겼고 가치 없는 존재인지는 생각지도 않고 다른 사람들이 알아주지 않고 인정해 주지 않는 것만 기분 나빠하며 열등감을 느끼고 있습니다. 가시나무는 다른 나무들도 다 자기처럼 되어야 직성이 풀립니다. 자기보다 멋있는 나무는 절대로 봐주지 못합니다.

이런 열등감이 민족주의로 표출될 때 히틀러 같은 사람이 나오는 것입니다. 나치는 영국이나 프랑스 같은 나라들을 완전히 바보로 알았습니다. 이 세상에서 가장 똑똑한 사람은 독일인밖에 없는 줄 알았어요. 그들은 자기들의 힘을 믿고 전 세계를 대상으로 전쟁을 벌였습니다. 사실 독일인들은 머리가 아주 좋습니다. 그렇게 좋은 머리에 열등감까지 가세되었으니 못할 짓이 뭐가 있겠습니까? 그러나 하나님은 히틀러의 편을 들어 주지 않으셨습니다. 바보 같은 연합군의 손을 들어 그를 완전히 패망시키셨습니다.

요담이 말하는 바가 무엇입니까? 이 세상에서 성공하고 잘되는 것은 얼마나 머리가 좋고 열심히 사느냐에 달린 문제가 아니라 하나님이 손을 들어 주시느냐에 달린 문제라는 것입니다. 짧게 보면 열등감과 분노를 가지고 닥치는 대로 일하는 사람이 잘되는 것 같지만, 결국은 하나님이 손들어 주시는 사람이 승리한다는 것입니다. 하나님 앞에서 자기의 작은 영역에 만족하며 사는 사람들은 정말 바보스러워 보입니다. 아비멜렉은 기드온의 아들들을 한 바위 위에서 죽일 때만 해도 이 세상 모든 것이 다 자기 것인 줄 알았습니다. 그러나 하나님은 그의 손을 들어 주지 않으셨습니다.

우리 믿는 형제나 자매들 중에는 아직 자기의 소명이 무엇인지 몰라서 찾고 있는 이들이 많습니다. 그렇다면 이런 사람들은 다 가시나무입니까? 그렇지는 않습니다. 그들은 지금 가시나무에서 열매 맺는 나무로 변해 가고 있는 중입니다. 아직은 마음속에 욕망이 있습니다. 그렇기 때문에 하나님이 목표를 정해 주시면 만사 제쳐 놓고 그것만을 향해 돌진하게 되기 쉽습니다. 그래서 아직 목표를 보여 주지 않으시는 것입니다. 은사란 겸손하게 남을 섬기고 도우라고 있는 것이지 우쭐거리며 자기를 드러내고 성취하라고 있는 것이 아닙니다. 지금 우리는 변하고 있는 중입니다. 우리 입에서 "나의 목표는 마지막에 불타면서 주님과 다른 사람을 따뜻하게 하는 것"이라는 고백이 나온다면 그때부터는 더 이상 가시나무가 아닐 것입니다.

요담은 세겜 사람들을 책망합니다. "이제 너희가 아비멜렉을 세워 왕을 삼았으니 너희의 행한 것이 과연 진실하고 의로우냐? 이것이 여룹바알과 그 집을 선대함이냐? 이것이 그의 행한 대로 그에게 보답함이냐? 우리 아버지가 전에 죽음을 무릅쓰고 너희를 위하여 싸워 미디안의 손에서 너희를 건져 내었거늘 너희가 오늘날 일어나서 우리 아버지의 집을 쳐서 그 아들 70인을 한 반석 위에서 죽이고 그 여종의 아들 아비멜렉이 너희 형제가 된다고 그를 세워 세겜 사람의 왕을 삼았도다"(9:16-18).

세겜 사람들이 이스라엘 백성들을 버리고 아비멜렉을 택한 이유가 무엇입니까? 아비멜렉이 자기들과 같은 세겜 족속의 피를 가지고 있다는 이유도 있었지만, 더 중요한 이유는 이스라엘 백성들이 너무나도 평범하다는 데 있었습니다. 아비멜렉처럼 무언가 튀는 데도 있고 야망도 있어야 무슨 일이든 해내는 법인데, 이스라엘 백성들은 너무 쉽게 포기하고 너무 쉽게 자기 영역에 안주하고 있으니까 도무지 무슨 일을 할 것 같지가 않은 거예요. 그러다가 아비멜렉을 보니 온통 야망으로 가득 차 있습니다. 끼가 있어요. 보통 비범한 사람이 아닙니다. 그의 눈을 보면 정말 무언가 해내겠다 싶습니다. 그래서 그들은 평범한 것을 버리고 특별한 것을 붙들었습니다.

요담은 그들이 너무나도 쉽게 하나님 백성들과의 신의를 깨뜨렸다고 책망합니다. "'만일 너희가 오늘날 여룹바알과 그 집을 대접한 것이 진실과 의로움이면 너희가 아비멜렉을 인하여 즐길 것이요 아비멜렉도 너희를 인하여 즐기려니와 그렇지 아니하면 아비멜렉에게서 불이 나와서 세겜 사람들과 밀로 족속을 사를 것이요 세겜 사람들과 밀로 족속에게서도 불이 나와서 아비멜렉을 사를 것이니라!' 하고 요담이 그 형제 아비멜렉을 두려워하여 달려 도망하여 브엘로 가서 거기 거하니라"(9:19-20).

분노는 분노를 불러일으킬 뿐 그 안에 영원한 일치가 있을 수 없습니다. 열등감이 있는 사람은 열등감이 있는 사람들끼리 금방 잘 뭉칩니다. 그래서 꼭 큰 일을 해낼 것 같습니다. 그러나 결국 보면 자기들끼리 싸워 깨지고 맙니다. 왜 그렇게 됩니까? 끝내 만족하지 못하기 때문입니다.

다 그런 것은 아니지만 그리스도인 자매들이 그리스도인 형제들을 우습게 볼 때가 많습니다. 너무 평범해 보이기 때문이지요. 그래서 예수를 믿으면서도 야망이 있는 남자, 좀 튀는 남자를 이상형으로 찾습니다. 신앙도 있지만 세상적으로도 무언가 인정받을 만한 부분이 있는 남자를 찾는 거예요. 그런 사람이 누구입니까? 바로 아비멜렉입니다. 세겜 사람들에게 아비멜렉이 특별해 보인 것은, 분명히 이스라엘의 피가 흐르는데도 세상적이었기 때문입니다. 그는 분노로 뭉쳐진 사람이었습니다. 그래서 무언가 끝없이 추구하는 사람처럼 보였습니다.

그러나 분노는 서로를 불태우게 되어 있습니다. 유행가 중에는 불꽃을 소재로 한 것들이 많습니다. 세상 사람들 속에는 이런 욕망의 불꽃이 있습니다. 끝없이 갈망하고 끝없이 추구하지만 결국 만족하지 못하고 서로가 서로를 파멸시킵니다.

요담이 이야기하는 핵심이 무엇입니까? 이스라엘은 바보가 아니라는 것입니다. 오히려 이 세상에서 가장 아름다운 삶은, 자기에게 주어진 작은 일로 하나님과 다른 사람들을 기쁘게 하는 삶이라는 것입니다.

세겜 사람들은 아비멜렉 같은 사람을 찾게 되어 있습니다. 이것은 욕심에 찬 사회가 영웅을 갈망하는 것과 같습니다. 그러나 그 결과가 무엇입니까? 함께 공멸하는 것입니다. 연인들 중에도 사랑해서는 안 될 사람을 사랑했다가 나중에 여관이나 바닷가 같은 데서 같이 자살하는 사람들이 더러 있습니다. 왜 사랑해서는 안 될 사람을 사랑합니까? 마음의 열등감과 분노 때문에 하나님이 주신 것으로는 만족하지 못하기 때문입니다.

지금 우리나라는 쿠데타의 뒷처리를 하느라고 비싼 대가를 지불하고 있습니다. 우리는 잘 깨닫지 못하지만, 하나님을 기다리지 못하는 조급한 기질과 한탕주의가 의식 속에 박혀 있습니다. 우리는 믿는다고 하면서도 자기에게 주어진 작은 것에 만족하지 못합니다. 그러나 요담의 말을 기억하십시오. 결국 성공하는 사람은 하나님을 자기편으로 끌어들이는 사람입니다. 하나님이 주신 작은 영역에 만족하고 기뻐하는 사람만이 하나님 앞에서 영원히 아름다운 삶을 살 수 있습니다.

9
하나님의 조용한 심판

> ……아비멜렉이 그 형제 70인을 죽여 자기 아비에게 행한 악을 하나님이 이같이 갚으셨고 또 세겜 사람들의 모든 악을 하나님이 그들의 머리에 갚으셨으니 여룹바알의 아들 요담의 저주가 그들에게 응하니라.
>
> 사사기 9:22-57

 문민정부 시절에 역사 바로 세우기를 위해 제5공화국 군사정권의 수립 과정에 참여했던 자들을 구속한 적이 있습니다. 사람들은 그 당시 고위직 관리들과 전직 대통령 두 명이 포승줄에 묶여 법정에 들어서는 모습을 텔레비전 화면으로 보았습니다.
 제5공화국 정권은 우리나라 역사상 어느 누구도 예상치 못했던 정치적 돌연변이였습니다. 철권을 휘두르며 장기 독재를 하던 박정희 대통령의 갑작스런 서거는 권력의 공백기를 가져왔고, 야망이 있었던 전두환 장군은 그 틈을 타서 자기가 가진 정보와 세력을 동원하여 정권을 차지했습니다. 그러나 이런 식으로 정권을 차지하는

데 주도적인 역할을 한 사람들은 얼마 지나지 않아 모두 군사반란죄로 기소되어서 감옥에 들어가게 되었습니다. 한때는 공중에 나는 새도 떨어뜨린다던 그들도 포승줄에 묶인 죄수의 신분이 되었고, 그들이 정권을 쥐고 있던 동안 기업에게 뜯어냈던 엄청난 돈도 만천하에 드러났습니다.

누가 이런 엄청난 일을 해냈습니까? 성경은 그리스도께서 하셨다고 말씀하고 있습니다. 문민정부가 한 일도 아니고 국민들이 한 일도 아닙니다. 자기 욕심에 따라 정권을 차지하고 그것도 모자라 나라 전체를 자기 것인 양 착복했던 그들을 한순간에 몰아내시고 감옥에 넣으신 분은 바로 그리스도십니다. 이런 일을 통해 보여 주시는 것이 무엇입니까? 그리스도는 여전히 역사를 다스리고 계시며 그의 통치에는 조금도 이상이 없다는 사실입니다.

여룹바알의 아들 아비멜렉이 이스라엘의 왕이 된 것은 어느 누구도 예측하지 못했고 하나님의 계획에도 없었던 돌연변이적 사건이었습니다. 이스라엘 백성들은 계속 주변 민족들의 지배를 받게 되자 왕이 필요하다고 생각하게 되었습니다. 자신들도 나라의 형태를 갖춤으로써 좀더 안정되게 외세의 위협을 막겠다는 것입니다. 그러나 기드온은 이스라엘의 왕이 되지 않겠다고 했습니다. 왜냐하면 이스라엘의 왕은 오직 하나님 한 분뿐이시기 때문입니다. 기드온뿐 아니라 다른 사람들도 왕이 되려고 하지 않았습니다.

왕은 필요하고 왕이 되려 하는 사람은 아무도 없는 이때, 기드온의 아들 70명을 한꺼번에 살해하고 세겜 사람들의 지지를 받아 스스로 왕이 된 자가 바로 기드온의 서자 아비멜렉이었습니다. 그는 이스라엘 사람들을 완전히 바보로 생각했습니다. 그는 누구든지 왕이 되면 그만이지, 무엇 때문에 왕이 필요하다고 하면서도 아무도 왕이 되려 하지 않는지 이해하지 못했습니다. 그래서 이 권력의 공백기를 틈타 스스로 왕이 되었습니다.

사사기 9장 후반부는 이렇게 자기 야망에 따라, 그리고 이스라엘 백성들이 아닌 세겜 사람들의 지지를 끌어들여 스스로 왕이 된 아비멜렉과 세겜 사람들의 행동을 하나님께서 어떻게 보셨는가에 대해 설명하고 있습니다. 하나님은 아비멜렉과 세겜 사람들을 아주 조용히 심판하셨습니다. 그분은 이들을 몰아내시는 데 아무것도 사용하지 않으셨습니다. 미디안 사람들에게 하셨듯이 늘 그들의 마음속에 주시던 은혜의 손길을 거두셨을 뿐입니다.

하나님은 누구에게나 은혜를 주십니다. 그 은혜 덕분에 사람들이 미치지 않고 부모나 자식을 알아보며 정상적인 생활을 하는 것입니다. 그런데 하나님이 아비멜렉과 세겜 사람들에게 늘 주시던 평강을 거두어 가시자 곧 서로 미워하게 되었습니다. 한때 그렇게 사이가 좋던 사람들이 서로 너무나 미워한 나머지 결국에는 상대방을 죽이기에 이르렀습니다. 아비멜렉의 깜짝쇼는 이렇게 끝이 나고 말았습니다.

아비멜렉의 정치

아비멜렉은 처세에 능하고 상황 판단이 아주 빠른 사람이었던 것 같습니다. 그가 정권을 차지하는 과정과 그 후의 화려한 변신은 이 점을 잘 보여 줍니다. 우선 아비멜렉은 기회를 볼 줄 아는 사람이었습니다. 아버지 기드온의 죽음은 이스라엘 백성들 안에 커다란 권력의 공백을 가져왔습니다. 아비멜렉은 야망이 있었지만 현실적으로 그를 지지해 주는 사람이 없었습니다. 형제가 70명이나 되긴 했지만, 그들이 자신을 지지해 줄 리는 없었습니다. 오히려 그들은 모두 걸림돌에 불과하다는 것을 그는 알았습니다. 그래서 어떻게 했습니까? 어머니의 족속인 세겜 사람들을 찾아가서 지지를 호소했습니다. 이스라엘에 왕이 필요한데 기드온의 아들 70명은 다 무능하고 바보 같으니 같은 피를 나눈 자신을 지지해 달라는 것입니다. 그는 그들에게 자금을 지원받아 불량배들을 사 모았습니다. 그리고 왕자의 난을 일으켜 기드온의 아들 70명을 다 죽여 버린 다음, 스스로 왕이 되었습니다.

그는 왕이 된 후 놀랍게 변신했습니다. 22절은 "아비멜렉이 이스라엘을 다스린 지 3년에"라고 말씀하고 있습니다. 물론 아비멜렉이 이스라엘 열두 지파를 다 다스렸던 것 같지는 않습니다. 겨우 므낫세 지파나 에브라임 지파 정도를 다스렸을 것입니다. 여하튼 이스라엘에는 처음으로 왕이 등장하게 되었습니다. 아비멜렉은 처음 3년 동안 제법 잘 다스리는 것처럼 보였습니다. 무엇보다 그는 세겜 사람들을 등용하지 않았습니다. 왜 그랬을까요? 이스라엘을 다스리려면 세겜 사람들이 아니라 이스라엘 귀족들과 손을 잡아야 한다는 것을 잘 알고 있었기 때문입니다. 그는 정권을 차지하는 과정에서는 세겜 사람들을 찾아가 어머니의 핏줄을 내세웠지만, 왕이 된 후에는 이스라엘 사람들에게 자신이 기드온의 아들임을 부각시켰습니다. 어차피 나라를 다스리려면 하층민이 아닌 귀족들과 손을 잡아야 합니다. 돈 있고 영향력 있는 자들의 도움을 받지 않으면 나라를 다스릴 수가 없어요. 그래서 아비멜렉은 정권을 잡는 과정에서는 세겜 사람들을 이용했지만, 정권을 잡은 후에는 철저히 따돌렸습니다. 그는 세겜에 스불이라는 심복을 두어 통치했습니다.

　세겜 사람들은 자신들의 지역을 지나가는 사람들을 약탈하는 짓을 통해 아비멜렉에 대한 섭섭한 감정을 드러냈습니다. "세겜 사람들이 산들 꼭대기에 사람을 매복하여 아비멜렉을 엿보게 하고 무릇 그 길로 지나는 자를 다 겁탈하게 하니 혹이 그것을 아비멜렉에게 고하니라"(9:25). 세겜 사람들은 아비멜렉을 도와 정권을 잡게 해 주면 그가 자신들과 손을 잡고 나라를 다스릴 줄 알았습니다. 그러나 아비멜렉은 머리가 잘 돌아가는 사람이었습니다. 세겜 사람들과 손을 잡고서는 이스라엘을 다스릴 수 없다는 것을 알았어요. 그래서 그는 기드온의 아들로 철저하게 변신했고 세겜 사람들을 무시했습니다.

세겜 사람들은 세겜을 지나가는 사람들마다 겁탈하는 것으로 불만을 표시했습니다. 이것은 아비멜렉의 귀에 들어가라고 일부러 하는 짓입니다. '우리 도움으로 왕이 될 때는 언제고, 이제 왕이 되고 나니 우리를 모른 체해? 네가 계속 이런 식으로 나간다면 우리도 가만히 있지 않겠다. 우리는 네가 어떻게 왕이 되었고 군사자금을 누가 대 주었으며 왕이 되는 과정에서 누구를 어떻게 죽였는지 다 알고 있다. 이런 식으로 계속 우리를 섭섭하게 대한다면 우리도 입 다물고 있지 않겠다'는 것입니다.

아비멜렉이 세겜 사람들에게 발목 잡힌 부분이 어떤 것입니까? 그는 첩의 아들로서 그 어머니는 세겜 여자라는 것, 정권을 차지하는 과정에서 세겜 사람들의 돈을 받았으며 기드온의 아들 70명을 죽였다는 것입니다. 이스라엘 사람들은 이런 사실들을 모릅니다. 그러나 세겜 사람들은 알고 있습니다. 원래부터 이스라엘 사람들은 기드온이나 그의 아들 중에 하나가 왕이 되기를 바랐습니다. 그런데 기드온은 죽었고 그의 아들들도 불의의 사고로 다 죽었습니다. 어떻게 죽었는지는 잘 모르겠지만 좌우지간 다 죽은 거예요. 그런데 다행스럽게도 한 명이 살아 있었습니다. 그래서 그들은 아비멜렉을 왕으로 추대했습니다. 그러나 세겜 사람들은 그 내막을 알고 있었습니다. 바로 자신들이 돈을 대 주고 살인을 도운 장본인들이었기 때문입니다. 그들이 약탈을 거듭한 것은 '이렇게 우리를 계속 섭섭하게 하면 너의 모든 비밀을 다 폭로하겠다'는 암시요 위협이었습니다.

이것은 추리영화에 자주 등장하는 줄거리입니다. 어떤 사람이 엄청난 재산을 가진 친구를 죽입니다. 그러나 그 사실을 숨기고 누구보다 친구의 죽음을 슬퍼하는 체하면서 그의 아내에게 접근하여 마침내 그 아내와 재산을 다 차지합니다. 그런데 이런 비밀을 다 알고 있는 교도소 동기가 어느 날 갑자기 나타나 그의 집안을 난장판으로 만들어 놓습니다. 이것이 무슨 뜻입니까? '나는 너의 비밀을 알고 있다. 그러니 너 혼자서만 잘살려고 들면 가만히 있지 않겠다'는 뜻입니다. 부자는 가만히 참으면서 청부 살인을 계획합니다. 그는 '이 친구의 입만 막으면 아무 문제가 없다'고 생각합니다.

이에 대해 성경은 무엇이라고 말씀하고 있습니까? "하나님이 아비멜렉과 세겜 사람들 사이에 악한 신을 보내시매 세겜 사람들이 아비멜렉을 배반하였으니"(9:23). 하나님이 악한 신을 보내셨다는 것은 귀신을 보내셨다는 뜻이 아닙니다. 하나님은 귀신이나 사탄을 보내서 나쁜 짓을 시키시는 분이 아니십니다. 만약 그렇다면 하나님이 어떻게 사탄을 심판하실 수 있겠습니까?

'악한 신을 보내셨다'는 것은 성경적인 표현입니다. 하나님이 사람들에게 허락했던 일반은총을 거두시는 것을 성경은 '악한 신을 보내셨다'고 말합니다. 세상이 평화로울 수 있는 것은 하나님이 성신을 보내어 모든 것을 지켜 주시기 때문입니다. 사람들이 미치지 않고 부모 자식을 알아보며 살 수 있는 것도 하나님이 은총으로 그 마음을 지켜 주시기 때문입니다. 일반 자연환경도 마찬가지입니다.

하나님이 성신을 거두시면 자연에도 대재앙이 일어납니다. 갑자기 모기가 엄청나게 많아지거나 엘니뇨 현상으로 물고기가 수만 마리씩 죽어 나갑니다. 폭설이 쏟아지고 거대한 우박이 떨어집니다.

이처럼 우리가 하루라도 평안하게 살 수 있는 것은 하나님이 그 은총으로 우리를 붙들어 주시기 때문입니다. 비유하자면 하나님의 손은 거대한 댐과 같습니다. 댐이 무너지면 어떻게 됩니까? 그 밑에 있는 것들은 전부 수몰되고 맙니다. 우리가 하루하루 살 수 있는 것은 하나님의 은혜가 우리의 삶을 붙들어 주시고 우리의 직장을 붙들어 주시며 우리의 마음을 붙들어 주시기 때문입니다.

그러나 우리 인간들이 정도 이상으로 교만해지고 정도 이상으로 죄를 지으면 하나님이 그 손을 거두십니다. 그러면 한순간에 재앙이 터집니다. 사람들의 마음속에 미움이 일어나고 짐승들이 미쳐 버립니다. 모든 질서가 붕괴되기 시작합니다. 그래서 조너선 에드워즈(Jonathan Edwards)는 우리 인간들을 가리켜 "진노하시는 하나님의 손에 붙들린 죄인들"이라고 했습니다. 우리 발 밑에 끝없는 유황불이 타오르고 있는데 하나님이 그 손으로 우리를 받치고 계십니다. 한순간이라도 이 손을 거두시면 우리는 바로 멸망할 수밖에 없습니다. 사람들은 우리가 이렇게 하루하루 밥 먹고 숨 쉬며 사는 것, 정상적으로 밤과 낮이 교차되는 것이 얼마나 큰 은혜인지 모른 채, 하나님께 감사하지도 않고 영광도 돌리지 않으면서 제멋대로 살고 있습니다.

하나님은 무려 3년 동안이나 아비멜렉에게 은혜를 주셔서 그 무서운 살인과 거짓에도 불구하고 왕의 자리에 머물게 하셨습니다. 그래서 그는 자기가 영원히 성공할 줄 알았고, 자기처럼 살지 않는 사람들을 다 바보 취급 했습니다.

그러나 하나님은 영원히 침묵하지 않으셨습니다. 그렇다고 무슨 거창한 일을 하신 것이 아닙니다. 단지 늘 주시던 은혜를 잠시 거두셨을 뿐입니다.

그랬더니 가장 두려운 일이 현실로 나타나기 시작했습니다. 세겜 사람들이 떠들어 대기 시작한 것입니다. 세겜 사람들만 잠잠히 있어 주면 아비멜렉은 아무 어려움 없이 이스라엘의 왕 노릇을 할 수 있습니다. 자신은 지금 정치도 제법 잘하고 있고 다른 일들도 잘 풀려 나가고 있는 중입니다. 이스라엘 사람들은 자신을 절대적으로 지지해 주고 있습니다. 그런데 세겜 사람들이 자꾸 일을 저지르고 다니는 것입니다. 그 이유가 무엇입니까? 왜 사신들을 섭섭히게 대하느냐는 것입니다. 도와 달랄 때는 언제이고, 왜 이제 와서 찬밥 취급 하느냐는 거예요.

아비멜렉은 일단 참습니다. 혹시라도 그들을 잘못 건드렸다가 지금까지 쌓아 온 공든 탑이 한순간에 무너질 수도 있었기 때문입니다.

세겜 사람들이 더 심하게 나가다

아비멜렉이 반응을 보이지 않으니까 세겜 사람들은 더 큰 일을 저질렀습니다. 가알이라는 뜨내기를 자기들의 우두머리로 채용한 것입니다. "에벳의 아들 가알이 그 형제로 더불어 세겜에 이르니 세겜 사람들이 그를 의뢰하니라"(9:26).

가알이 누구이며 무엇 하는 사람이었는지는 알 수도 없고 중요하지도 않습니다. 중요한 것은 세겜 사람들이 그를 고용했다는 사실입니다. 제 생각에 가알이라는 사람은 전문적인 약탈자이자 선동자였던 것 같습니다. 지금까지 세겜 사람들이 한 짓은 아마추어 수준의 강도질이었습니다. 도둑질과 강도질에도 아마추어와 프로의 차이가 있습니다. 아마추어 도둑은 도둑질을 할 때 자기가 더 떨고 자기가 더 많은 땀을 흘립니다. 누가 소리라도 지르면 자기가 먼저 겁을 먹고 도망쳐 버려요. 그러나 프로는 도둑질을 즐깁니다. 음악도 틀어 놓고 양주도 꺼내 마셔 가면서, 여기 저기 코도 풀어 놓고 볼일도 봐 가면서 물건을 골라서 가져갑니다. 아마 가알이라는 사람은 약탈과 선동의 프로였던 것 같습니다.

세겜 사람들도 처음부터 이런 사람을 고용하려고 했던 것은 아닙니다. 자기들이 약간의 소동을 일으켰을 때 아비멜렉이 찾아와서 조금만 보상해 주고 섭섭지 않게 달래 주었더라면 여기까지는 오지 않았을 것입니다. 그런데 아비멜렉이 입을 딱 다물고 있는 거예요.

한번 어긋나기 시작한 관계는 시간이 가면 갈수록 더 어긋나게 되어 있습니다. 세겜 사람들이 가알을 고용한 것은 아비멜렉과 그들의 관계가 이미 돌아올 수 없는 강을 건넜다는 뜻입니다.

세겜 사람들이 포도를 추수하고 그것으로 자기 신들에게 감사제를 드릴 때, 가알은 본격적으로 아비멜렉을 저주하고 나섰습니다. "그들이 밭에 가서 포도를 거두어다가 밟아 짜서 연회를 배설하고 그 신당에 들어가서 먹고 마시며 아비멜렉을 저주하니 에벳의 아들 가알이 가로되 '아비멜렉은 누구이며 세겜은 누구기에 우리가 아비멜렉을 섬기리요? 그가 여룹바알의 아들이 아니냐? 그 장관은 스불이 아니냐? 차라리 세겜의 아비 하몰의 후손을 섬길 것이라! 우리가 어찌 아비멜렉을 섬기리요? 아하, 이 백성이 내 수하에 있었더면 내가 아비멜렉을 제하였으리라!' 하고 아비멜렉에게 '네 군대를 더하고 나오라!' 고 말하니라"(9:27-29).

포도주에 취한 상태에서 떠들어 댄 말이긴 하지만 그 안에는 무서운 진실이 들어 있었습니다. 그것은 '아비멜렉은 결국 기드온의 아들'이라는 것입니다. 세겜 사람들이 아비멜렉을 지지했던 것은 그에게 세겜의 피가 있었기 때문인데, 지금 드러난 것을 보면 그는 역시 세겜과 상관없는 여룹바알의 아들이라는 것입니다. 그는 철저하게 기드온의 아들로 변신해서 기드온의 아들 행세를 하고 있습니다. 가알은 이 점을 상기시키면서 아비멜렉을 배반하자고 충동질했습니다. 이 말을 전해 들은 아비멜렉은 세겜 사람을 한 명도 살려

두지 않기로 결심합니다.

아마 처음부터 아비멜렉과 세겜 사람들이 허심탄회하게 만났더라면 결국 서로 한편임을 확인하고 끝났을 것입니다. 그런데 이상하게 한번 의심이 들기 시작하면 그 다음부터는 신경이 예민해져서 일거수일투족에 의심이 가고 나중에는 아예 그 의심을 확신하는 단계까지 가는 법입니다. 부부간에도 그렇습니다. 부부가 살다 보면 약간 의심 가는 일들이 생길 수 있습니다. 그런데 상대방이 그것을 감추고 변명하고 엉뚱하게 둘러대면 그 다음부터 의심이 점점 더 커지게 마련입니다. 이런 것을 성경은 하나님이 '악한 신을 보내셨다'고 표현합니다. 즉 더 이상 간섭하지 않으시고 일이 좋지 않은 방향으로 흘러가도록 내버려 두신다는 뜻입니다.

하나님이 의심하지 말라고 하셨는데도 자꾸 의심하거나, 미워하지 말라고 하셨는데도 자꾸 의심하면 어떻게 됩니까? 어느 순간부터 자신의 의심과 미움에 확신을 갖게 됩니다. 그 다음부터 일어나는 일들은 놀라울 만큼 자신의 의심과 딱 들어맞게 되어 있습니다. 셰익스피어 비극의 유명한 주인공 오델로의 의심이 바로 이런 것이었습니다. 한번 아내를 의심하니까, 그 다음부터 사소한 일 하나까지 다 그 의심을 확신시켜 주었습니다. 결국 그는 사랑하는 아내를 목졸라 죽이고 맙니다.

물론 가알이 술기운 때문에 허풍으로 큰소리를 쳤을 수도 있습니다. 또 가알은 세겜 사람들을 충동질하려고 이런 말을 했더라도, 이것이 곧 세겜 사람 전체의 의사는 아니었을 수도 있습니다. 그러나 이 말이 세겜 장관 스불의 입을 거쳐 아비멜렉의 귀에 들어가게 되자, 돌이킬 수 없는 분노를 불러일으켰습니다. "그 성읍 장관 스불이 에벳의 아들 가알의 말을 듣고 노하여 사자를 아비멜렉에게 가만히 보내어 가로되 '보소서, 에벳의 아들 가알과 그 형제가 세겜에 이르러 성읍 무리를 충동하여 당신을 대적하게 하나니'"(9:30-31).

한 사람의 입을 거치는 것이 이렇게 무섭습니다. 한 사람을 거치게 되면 그 말한 사람의 생각과 감정이 추가되면서 '아'가 '어'로 둔갑하는 법입니다. 스불의 고자질은 극심한 분노를 일으켜 아비멜렉을 야수로 만들어 버렸습니다. 아비멜렉은 세겜 사람들을 단 한 명도 살려두지 않겠다고 결심합니다.

지나친 복수와 하나님의 심판

아비멜렉의 복수는 몇 차례에 걸쳐 이루어졌습니다. 그가 제일 먼저 한 일은 가알과 그의 형제들을 죽이는 것이었습니다. 스불은 "당신은 당신을 좇은 백성으로 더불어 밤에 일어나서 밭에 매복하였다가 아침 해뜰 때에 당신은 일찍이 일어나 이 성읍을 엄습하면 가알과 그를 좇은 백성이 나와서 당신을 대적하리니 당신은 기회를 보아 그들에게 행하소서"(9:32-33)라고 말했습니다. 아비멜렉은 그의 말에 따라 밤새 매복하고 있다가 해가 뜰 때 성으로 진격했습니다.

우리는 이비멜렉 군대가 왜 하필이면 해가 뜰 때 진격했는지 잘 이해가 되지 않습니다. 팔레스타인은 평지나 구릉지대로 이루어져 있기 때문에 아침 햇살이 아주 강렬합니다. 그래서 해가 뜰 때에는 앞이 잘 보이지 않습니다. 아마도 가알은 아침에 성문으로 나갔다가 산에서 사람들이 내려오는 모습을 보았던 것 같습니다. 그는 스불에게 산에서 사람들이 내려온다고 했습니다. 그러나 스불은 사람들이 아니라 산그림자라고 둘러댔습니다. "가알이 그 백성을 보고 스불에게 이르되 '보라, 백성이 산꼭대기에서부터 내려오는도다!' 스불이 그에게 대답하되 '네가 산그림자를 사람으로 보았느니라'"(9:36). 이런 말이 먹혀들 수 있었던 것은 팔레스타인의 일출이 워낙 강렬해서 앞을 잘 볼 수 없었기 때문입니다.

가알이 처음에 본 사람들은 아비멜렉 군대의 일부에 불과했습니다. 그가 사물들을 좀더 잘 식별할 수 있게 되었을 때에는 다른 곳에서도 사람들이 몰려오고 있었습니다. "가알이 다시 말하여 가로되 '보라, 백성이 밭 한 가운데로 좇아 내려오고 므오느님 상수리나무 길로 좇아 오는도다'"(9:37). 이럴 때 우리가 할 수 있는 말은 "불쌍한 가알!"이라는 말뿐일 것입니다. 그는 아비멜렉을 이길 수 있다고 큰소리를 쳤습니다. 그런데 정말 그의 군사들이 눈앞에 들이닥친 것입니다. 조금만 일찍 알았더라도 도망을 쳤을 텐데 산그림자로 착각하는 바람에 이제는 도망칠 시간조차 없었습니다. 스불은 그가 큰소리쳤던 말을 상기시키면서 나가서 싸우라고 다그쳤습니다.

그는 자기가 한 말 때문에 어쩔 수 없이 나가서 싸우지 않을 수 없었고, 결국 크게 패했습니다.

아비멜렉의 복수는 여기에서 그치지 않았습니다. 그의 2차 공격 대상은 포도 농사를 지으러 밭으로 나오는 사람들이었습니다. 그는 후퇴한 체하면서 가까운 성에 매복해 있다가 성에 나오는 세겜 사람들을 닥치는 대로 죽였습니다. "이튿날 백성이 밭으로 나오매 혹이 그것을 아비멜렉에게 고하니라. 아비멜렉이 자기 백성을 세 떼로 나눠 밭에 매복하였더니 백성이 성에서 나오는 것을 보고 일어나서 그들을 치되 아비멜렉과 그를 좇은 떼는 앞으로 달려가서 성문 입구에 서고 그 나머지 두 떼는 밭에 있는 모든 자에게 달려들어 그들을 죽이니"(9:42-43).

이것이 바로 포도원의 살육이었습니다. 퇴로를 막고 이를 잡듯이 찾아 죽이니 도망칠 재간이 없었습니다. 아비멜렉은 그곳 사람들을 다 죽이고 세겜 성을 헐어 버린 다음 소금까지 뿌렸습니다. 이것은 그들을 영원히 저주한다는 뜻입니다. 이것을 보면 세겜 사람들에 대한 아비멜렉의 증오심이 얼마나 깊었는지 알 수 있습니다.

아비멜렉의 복수는 여기에서도 그치지 않았습니다. 그는 세겜 사람들이 망대에 모였다는 소식을 들었습니다. 이 망대는 세겜과 가까운 곳에 있는 사당이었던 것 같습니다. "세겜 망대의 사람들이 이를 듣고 엘브릿 신당의 보장으로 들어갔더니"(9:46).

"엘브릿"은 '바알브릿'과 같은 뜻으로서, 바알 종교와 여호와 종교를 뒤섞은 혼합 종교였습니다. 그 신당의 보장이 망대처럼 높은 곳에 있었는지 아니면 땅 속에 있는 커다란 지하실이었는지는 확실치 않습니다. 여하튼 이곳은 그들의 성소였습니다. 고대에는 성소는 침범하지 않게 되어 있었습니다. 아무리 죄인이라도 성소로 도망가면 죽이지 않았습니다.

그러나 아비멜렉에게는 그런 것이 눈에 들어오지 않았습니다. 그는 직접 산에 가서 도끼로 나무를 찍어 메고 내려온 후, 머뭇거리는 부하들에게 따라 하라고 했습니다. 이것은 아주 강력한 방법입니다. 왕은 말로만 명령하면 되는 것이지 이렇게 시범까지 보일 필요가 없습니다. 그러나 분노에 찬 아비멜렉은 주저하는 부하들을 독려하기 위해 직접 시범까지 보였고, 결국 그들의 성소에 나무를 쌓아 불을 질러서 그 안에 있는 남녀를 다 태워 죽였습니다. 성경은 여기에서 죽임을 당한 사람이 대략 1,000명에 이른다고 기록하고 있습니다.

이 정도면 아비멜렉의 복수도 끝이 날 것 같습니다. 그러나 그는 결코 만족할 수가 없었습니다. 그는 세겜 사람 일부가 데베스의 견고한 망대에 피했다는 말을 듣고 또 거기로 달려갑니다. 그리고 그 망대까지 불지르려고 합니다. 그런데 여기에서 이야기가 조금 달라집니다. 망대 위에 피한 사람들 중에 맷돌 윗짝을 가지고 있던 여자가 한 명 있었는데, 아비멜렉이 바로 망대 밑에까지 와 있는 것을 보고 그 맷돌짝을 집어던진 것입니다. 그것이 아비멜렉의 머리에 맞아 두개골이 깨지고 말았습니다. 아비멜렉은 여인의 손에 죽었다는 조롱을 피하기 위해 부관에게 자기를 찔러 달라고 부탁합니다. 마침내 그는 부관의 칼에 찔려 죽고 이스라엘 백성들은 각기 집으로 돌아갑니다.

성경은 이 일에 대해 이렇게 평가하고 있습니다. "아비멜렉이 그 형제 70인을 죽여 자기 아비에게 행한 악을 하나님이 이같이 갚으셨고 또 세겜 사람들의 모든 악을 하나님께서 그들의 머리에 갚으셨으니 여룹바알의 아들 요담의 저주가 그들에게 응하니라"(9:56-57).

아비멜렉은 세겜 사람들을 이렇게까지 철저하게 죽일 필요가 없었습니다. 그러나 사람이 한번 다른 사람을 미워하게 되면 그의 모든 것이 속속들이 그토록 미울 수가 없는 법입니다. 그래서 오해에 오해를 거듭한 나머지 끝까지 보복하다가 결국은 자기가 망하게 되어 있습니다.

이 일이 우리에게 보여 주는 것이 무엇입니까? 사람들은 이 세상을 마치 주인 없는 빈 땅처럼 생각합니다. 그래서 머리가 좋고 노력이 뒷받침되기만 하면, 그리고 기회만 잘 얻으면 얼마든지 부자가 될 수 있고 권력자가 될 수 있다고 생각합니다. 사람들이 흔히 "기회를 잘 잡아야 성공한다"는 말을 하지 않습니까? 우리가 보기에도 처세에 능한 사람들이 출세하는 것 같습니다. 아비멜렉처럼 세겜 사람들에게는 세겜의 핏줄을 내세우고, 정권을 차지한 후에는 기드온의 아들이라는 사실을 내세우는 사람이 성공하는 것 같아요.

그러나 세상은 결코 주인 없는 빈 땅이 아닙니다. 모든 일을 조용히 지켜보면서 사람들의 욕심을 비웃고 계신 분이 있습니다. 하나님은 아비멜렉의 능력보다는 그가 정권을 차지하는 과정에서 죽인 70명의 피를 기억하십니다. 우리나라의 제5공화국 정권이 집권 기간 내내 시달린 문제는 광주 학살 문제였습니다. 무고한 사람들의 피를 그렇게 많이 흘려 놓고도 정권을 유지할 수 있다고 생각하는 것 자체가 잘못입니다. 누가 그들을 그 높은 자리에서 쫓아내 죄수복을 입혀서 법정에 세우셨습니까? 그리스도십니다. 그는 부활하여 이 모든 세상을 다스리고 계십니다. 일시적으로는 악한 자가 득세하는 것 같고 머리 좋고 야망으로 밀어붙이는 사람이 잘되는 것 같지만, 그런 사람은 하나님의 정의의 선을 절대 넘지 못합니다.

중요한 것은 나의 야망이나 좋은 기회가 아니라 하나님의 나라입니다. 나의 야망이나 계획이 하나님의 나라를 중심으로 이루어진 것이 아니라면 오래지 않아 산산이 부서지고 말 것입니다. 우리는 자신에 대한 그리스도의 뜻과 그리스도의 승인을 구해야 합니다. 그리스도께서 'OK'를 해 주셔야 해요. 이 세상에서 가장 튼튼한 위치에 서는 자는 비록 시간이 오래 걸릴지라도 그리스도의 뜻을 찾는 자입니다. 그는 결코 무너지지 않습니다.

또한 우리가 기억해야 할 것은 분노는 사이클을 이룬다는 사실입니다. 분노는 항상 쌍방적이며 점점 증폭되게 되어 있습니다. 내가 누군가에게 화를 내면 그는 더 화를 냅니다. 내가 좋지 않은 말을 한마디 하면 그는 밤새 잠을 설쳐 가며 고민하고 분노를 키웁니다. 혹시라도 중간에 어떤 사람이 끼어서 말을 잘못 전달하기라도 하면 그 분노는 더 증폭됩니다. 이렇게 몇 차례 분노가 오가고 나면 상대방의 존재 자체를 거부하기에 이릅니다. '나는 너의 모든 것이 싫다. 네 목소리도 싫고 웃는 얼굴도 싫고 선물도 싫다. 나는 네 존재 자체가 싫다'는 것입니다. 이것을 성경은 '악한 신을 보내셨다'고 표현합니다. 분노하는 사람을 보면 정말이지 꼭 악한 신에 씐 것 같아요. 밥도 잘 먹지 않고 웃지도 않습니다. 무언가 골똘히 생각하는가 하면 허공에 주먹질을 하기도 하고, 땅이 꺼져라 한숨을 쉬는가 하면 알아듣지 못할 소리를 혼자 중얼거리기도 합니다. 이것을 정상적인 상태로 볼 수 있겠습니까?

이런 분노의 사이클은 반드시 중간에서 끊어 내야 합니다. '내가 오해했을 수도 있다. 중간에서 말을 전한 사람이 잘못 전했을 수도 있다' 생각하면서 무조건 끊어야 합니다. '내 생각이 옳다'고 고집하면 결국 둘 다 망합니다.

아비멜렉이 엘브릿의 보장에 숨은 자들을 태워 죽이려고 했을 때 부하들이 주저한 이유가 무엇입니까? '그렇게까지 할 필요가 있느냐'고 생각했기 때문입니다. 가알을 죽이고 포도밭에 나온 사람들을 죽였으면 됐지 성소로 도망친 사람들까지 죽일 필요가 뭐가 있느냐는 거예요. 그러나 분노에 찬 아비멜렉의 눈에는 성소가 보이지 않았습니다.

분노의 사이클은 남을 다 망치고 자신도 망쳐야 끝나게 되어 있습니다. 분노하는 사람은 남이 잘되는 꼴을 못 봅니다. 어머니에게 우울증이 있으면 자식의 인생을 완전히 파멸시키고 자기도 파멸해야 끝이 납니다. 얼마나 무서운지 몰라요. 사람들은 돈 안 드는 일이라고 자꾸 화를 내는데 화내는 것보다 더 무서운 일이 없습니다. 데베스의 망대까지 쫓아가서 사람들을 태워 죽여야 할 필요가 뭐가 있습니까? 그러나 이성을 잃은 짐승 같은 아비멜렉에게는 그런 것이 눈에 들어오지 않았습니다. 세겜 사람들은 무조건 다 죽여야 한다는 거예요. 이런 분노는 사과를 한다고 해서 진정되지 않습니다. 이렇게 분노하는 사람이 있을 때에는 일단 도망치고 보는 수밖에 없어요.

　아비멜렉의 분노는 결국 자기 머리 위에 맷돌짝이 떨어져서 두개골이 깨질 때까지 중단되지 않았습니다. 왜 아비멜렉은 분노를 중단시킬 수가 없었을까요? 하나님께서 안전장치 브레이크를 풀어 놓으셨기 때문입니다. 하나님이 사랑하시는 사람은 아무리 화가 나더라도 한 번쯤은 정상적인 생각을 해 보게 되어 있습니다. "내가 네 꼴을 다시 보나 봐라!" 하다가도 '내가 이렇게 화를 내는 게 옳을까? 하나님은 모든 사정을 다 알고 계실 텐데 내가 한두 가지 이유로 저 사람을 이렇게까지 미워하고 증오하는 게 과연 옳을까? 내가 너무하는 건 아닐까?' 하는 생각이 드는 사람은 아직 하나님의 은혜가 남아 있는 사람입니다. 이렇게 한 번 멈추는 것이 굉장히 중요합니다. 이것이 자기도 살리고 상대방도 살리는 길입니다.

그런데 하나님이 망하도록 내버려 두시는 사람은 끝까지 자기가 옳다고 우깁니다. "나는 절대로 옳고 저 사람은 절대적으로 틀렸다"는 것입니다. 그 사람은 이마에 '망할 망' 자를 새기고 있는 사람입니다. 사람 사이의 일에 100퍼센트 맞고 100퍼센트 틀리는 경우가 어디 있습니까? 다 어느 정도는 옳고 어느 정도는 그른 것이지요. 그러나 망하는 사람은 그것을 생각하지 못합니다. 자기만 절대 옳고 상대방은 절대 틀렸다고 단정한 나머지 어떤 대화나 타협도 거부합니다.

이런 현상은 예수 믿는 사람들에게 더 심하게 나타납니다. 예수 믿는 사람들은 진리는 타협할 수 없다고 생각하기 때문에, 내가 하나님 편이면 상대방은 틀림없이 마귀 편이라고 간주해 버립니다. 그러니까 대화가 되지 않습니다. 그러나 아무리 교회 안에서라도 절대적인 것은 없습니다. 사람 사이의 일이니만큼 오해도 있고 잘하려고 하다가 실수하는 일도 생기고 그런 것이지요. 그런데 하나님이 버리기로 작정하신 사람은 끝까지 자기만 옳다고 생각합니다. "나는 절대 옳으니까 네가 회개하든지 내가 죽든지 알아서 해!"라는 것입니다.

이런 사람들은 다른 이의 잘못을 너무 지나치게 파헤치려 합니다. 여자가 맷돌짝을 안고 망대에 올라갈 때는 살려 주어야지요. 이 망대는 마지막 보루입니다. 그런데 이것까지 태우려고 할 때 자기 머리 위에 맷돌짝이 떨어지게 되어 있습니다. 사람을 너무 몰아붙이면 안 됩니다. 열세에 몰린 사람에게는 여유를 주는 것이 좋습니다. 물론 죄와 싸울 때는 철저하게 해야 하지만 죄인에 대해서는 어떻게 해서든지 정상을 참작해 주고 가능하면 마지막 코너까지 몰아붙이지 않아야 합니다. 예를 들어 부모가 하나님처럼 자식의 모든 잘못을 일일이 파헤쳐서 공격한다면 자식은 정신병자가 되든지 가출할 수밖에 없습니다. 그런 자식이 자라면 부모에게 복수하는 것입니다.

아비멜렉은 왜 망하기까지 조금도 쉬지 않고 달려갔습니까? 하나님이 그를 멸하기로 작정하셨기 때문입니다. 하나님이 악을 악으로 다스리려고 그의 손에 칼을 쥐어 주신 것입니다.

세겜 사람들에게는 기드온과 맺은 평화의 언약이 있었습니다. 그래서 기드온은 미디안의 손에서 그들을 건져 주었습니다. 물고기는 물 안에서만 살 수 있듯이, 그들은 이스라엘의 은혜 안에서만 살 수 있는 사람들이었습니다. 그런 그들이 아비멜렉의 말을 듣고 돈을 준 것은 그 물 밖으로 뛰쳐나오는 일과 같았습니다. 그들은 아비멜렉에게 준 것이 있으니 받을 것도 있다고 생각해서 문제를 일으켰습니다. 그러나 이것은 결국 자신들의 무덤을 파는 결과를 낳았습니다.

우리가 이렇게 하루하루 밥 먹고 평안하게 살고 있는 것은 눈에 보이지 않는 하나님의 은혜가 우리를 붙들고 있기 때문입니다. 그런데 우리는 눈에 보이지 않는 99퍼센트의 은혜에는 감사할 줄 모르고 딱 1퍼센트 없는 것을 놓고 원망하고 불평합니다. 그러나 하나님이 한번 손을 거두시면 어떻게 됩니까? IMF 딱 한 방에 경제 수준이 10년 전으로 돌아가 버립니다. 은행 빚 얻어서 건물을 지었는데 집값은 10년 전으로 돌아가고 은행 이자는 치솟는 거예요. 우리는 하루하루 평안하게 살게 해 주신 하나님의 은혜에 감사할 줄 모르고 자기 욕심대로 좇아다니다가 마침내 큰 어려움에 봉착하고 말았습니다.

이럴 때 우리의 삶에서 빨리 회복해야 할 것이 무엇입니까? 감사입니다. 나에게 없는 한두 가지를 놓고 화내고 불평할 것이 아니라 내가 모르는 사이에 나를 지키시고 보호해 주신 그 많은 은혜를 기억하는 것입니다. 하나님은 이렇게 하라고 어려움들을 주시는 것입니다.

아비멜렉은 처음에 굉장히 진도가 잘 나갔습니다. 차에 비유하자면 벤츠 같았어요. 그런데 브레이크가 없었습니다. 한번 가속도가 붙으니까 완전히 파멸할 때까지 치달았습니다. 그 이유가 무엇입니까? 죄가 해결되지 않았기 때문입니다.

오늘 이 시간, 우리의 삶을 다시 시작해 봅시다. 지금이라도 하나님이 우리 삶의 방향을 조절해 주시도록 하나님이 기뻐하시지 않는 것들, 내 야망으로 달려온 것들, 욕심과 혈기로 추구한 일들을 다 버리고 다시 시작합시다.

많은 청소년들은 좋은 대학에 들어가는 것을 목표로 삼습니다. 그래서 그 목표를 위해 분노로 공부합니다. 선생님이나 부모님들도 아이들을 재우지 않고 때려 가면서 그 분노를 부추깁니다. 그렇게 대학에 들어가고 나면 무엇을 해야 할지 몰라 술이나 마시며 방황하거나 이 서클 저 서클을 기웃거리기 십상입니다. 그러다가 유학이나 고시 같은 더 높은 목표를 찾지요. 왜 이렇게 됩니까? 우리의 욕심에는 끝이 없기 때문입니다. 그러나 우리가 아무리 공부해서 유학 다녀오고 고시에 합격해도, 하나님이 함께하시지 않으면 그 모든 성공은 한순간에 물거품이 되고 맙니다.

  지금 우리는 모든 것을 하나님께 빌려 쓰고 있습니다. 우리가 가진 것은 모두 하나님의 것입니다. 밥 먹고 살며 생활하고 숨 쉬는 것, 이 모든 것이 하나님께 빌린 거예요. 우리는 이런 것들을 더 빌려 쓰려고 할 때 한번 생각해 봐야 합니다. '이 일이 정말 하나님이 허락하시는 일이고 기뻐하시는 일일까'를 충분히 확인해 봐야 합니다. 그렇게 하지 않고 단지 남보다 더 높아지기 위해 욕심을 부릴 때 그의 성공은 오히려 자기 자신과 다른 사람에게 비극이 될 때가 많습니다.

  그러나 우리는 이런 일반은총을 붙드는 단계에만 그쳐서는 안 됩니다. 여기에서 더 나아가 우리의 마음이 성령의 능력으로 충만해지고 하나님의 뜻을 더욱더 분명히 알게 되기를 원해야 합니다. 하나님의 뜻을 더 명확히 알 수 있도록, 나의 삶을 하나님의 구원 계획 안에서 볼 수 있도록, 내 삶에 돌연변이적 사건이 일어나지 않도록,

하나님의 뜻이 나의 삶을 통해 온전히 이루어질 수 있도록 그 은혜를 간구해야 합니다.

아비멜렉의 정권은 하나님의 구원 계획에 전혀 들어 있지 않았던 것입니다. 이런 돌연변이적 사건은 처음에는 성공하는 것 같아도 결국 아무 흔적 없이 사라지고 맙니다. 하나님의 뜻에 따라 한 걸음 한 걸음 걸어가는 것만이 실패하지 않는 길입니다. 하나님의 뜻이 분명치 않을 때에는 일단 멈추어 서서 질문하고 기다리십시오. 그러면 하나님이 많은 것을 말씀해 주실 것입니다.

하나님이 허락하시지 않은 왕 아비멜렉의 정권은 처음에 자기를 지지해 주었던 세겜 사람들과의 불화 때문에 한순간의 해프닝으로 끝나고 말았습니다. 왜 이렇게 되었습니까? 기초가 잘못되었기 때문입니다. 즉 죄가 해결되지 않았기 때문입니다. 죄가 해결되지 않는 한 어떤 부귀나 영화도 다 무너지게 되어 있습니다.

온 세상의 주관자이신 그리스도는 부정한 돈과 무고한 피로 왕권을 차지한 아비멜렉을 심판하셨습니다. 그가 조용히 은총을 거두시니 자기들끼리 미워하다가 싸워서 망해 버렸습니다. 그리스도께서 세상의 악한 자들을 멸하시는 데에는 많은 힘이나 노력이 필요치 않습니다. 그에게는 전혀 힘들이지 않고 악한 자들을 권좌에서 내쫓으실 수 있는 능력이 있습니다. 은혜만 거두시면 자기들끼리 싸우고 지지고 볶다가 망하게 되어 있어요.

그리스도의 왕권을 더욱더 신뢰합시다. 일시적으로 악이 득세하는 것 같더라도 흔들리지 말고 나를 향한 하나님의 뜻을 기다립시다. 오늘 우리의 마음 속에 하나님께 대한 감사를 회복합시다. 그리고 기도합시다. "하나님, 감사합니다. 더 이상 욕심내지 않겠습니다. 1퍼센트 없는 것을 두고 원망하지 않겠습니다. 하나님 앞에 한탄하지 않겠습니다. 하나님이 제게 주신 은혜에 만족하겠습니다. 주여, 다시 시작하겠습니다. 저의 삶 가운데서 야망으로 잘못 걸어온 길이 있다면 지금이라도 방향을 수정하겠습니다. 지금도 늦지 않았습니다. 오늘부터 첫걸음을 옮기겠습니다."

이것이 영원히 무너지지 않는 하나님 나라의 백성으로 풍성하게 사는 길입니다.

부록

차례에 따른 성경본문

1. 고통의 때에 찾아오신 하나님 (6:1 - 13)

이스라엘 자손이 또 여호와의 목전에 악을 행하였으므로 여호와께서 7년
동안 그들을 미디안의 손에 붙이시니 미디안의 손이 이스라엘을 이긴지라.
이스라엘 자손이 미디안을 인하여 산에서 구멍과 굴과 산성을 자기를 위하여
만들었으며 이스라엘이 파종한 때면 미디안 사람, 아말렉 사람, 동방 사람이
치러 올라와서 진을 치고 가사에 이르도록 토지 소산을 멸하여 이스라엘
가운데 식물을 남겨 두지 아니하며 양이나 소나 나귀도 남기지 아니하니
이는 그들이 그 짐승과 장막을 가지고 올라와서 메뚜기 떼같이 들어오니 그
사람과 약대가 무수함이라. 그들이 그 땅에 들어와 멸하려 하니 이스라엘이
미디안을 인하여 미약함이 심한지라. 이에 이스라엘 자손이 여호와께
부르짖었더라. 이스라엘 자손이 미디안을 인하여 여호와께 부르짖은 고로
여호와께서 이스라엘 자손에게 한 선지자를 보내사 그들에게 이르되
"이스라엘 하나님 여호와의 말씀에 '내가 너희를 애굽에서 인도하여 내며
너희를 그 종 되었던 집에서 나오게 하여 애굽 사람의 손과 너희를 학대하는
모든 자의 손에서 너희를 건져 내고 그들을 너희 앞에서 쫓아내고 그 땅을
너희에게 주었으며 내가 또 너희에게 이르기를 나는 너희 하나님 여호와니

너희의 거하는 아모리 사람의 땅의 신들을 두려워 말라 하였으나 너희가 내 목소리를 청종치 아니하였느니라' 하셨다" 하니라. 여호와의 사자가 아비에셀 사람 요아스에게 속한 오브라에 이르러 상수리나무 아래 앉으니라. 마침 요아스의 아들 기드온이 미디안 사람에게 알리지 아니하려 하여 밀을 포도주틀에서 타작하더니 여호와의 사자가 기드온에게 나타나 이르되 "큰 용사여, 여호와께서 너와 함께 계시도다." 기드온이 그에게 대답하되 "나의 주여, 여호와께서 우리와 함께 계시면 어찌하여 이 모든 일이 우리에게 미쳤나이까? 또 우리 열조가 일찍 우리에게 이르기를 '여호와께서 우리를 애굽에서 나오게 하신 것이 아니냐' 한 그 모든 이적이 어디 있나이까? 이제 여호와께서 우리를 버리사 미디안의 손에 붙이셨나이다."

2. 하나님의 부르심과 기드온의 첫 임무 (6:14-27)

여호와께서 그를 돌아보아 가라사대 "너는 이 네 힘을 의지하고 가서 이스라엘을 미디안의 손에서 구원하라. 내가 너를 보낸 것이 아니냐?" 기드온이 그에게 대답하되 "주여, 내가 무엇으로 이스라엘을 구원하리이까? 보소서, 나의 집은 므낫세 중에 극히 약하고 나는 내 아비 집에서 제일 작은 자니이다." 여호와께서 그에게 이르시되 "내가 반드시 너와 함께하리니 네가 미디안 사람 치기를 한 사람을 치듯 하리라." 기드온이 그에게 대답하되 "내가 주께 은혜를 얻었사오면 나와 말씀하신 이가 주 되시는 표징을 내게 보이소서. 내가 예물을 가지고 다시 주께로 와서 그것을 주 앞에 드리기까지 이곳을 떠나지 마시기를 원하나이다." 그가 가로되 "내가 너 돌아오기를 기다리리라." 기드온이 가서 염소 새끼 하나를 준비하고 가루 한 에바로 무교전병을 만들고 고기를 소쿠리에 담고 국을 양푼에 담아서 상수리나무 아래 그에게로 가져다가 드리매 하나님의 사자가 그에게 이르되 "고기와 무교전병을 가져 이 반석 위에 두고 그 위에 국을 쏟으라." 기드온이 그대로 하니 여호와의 사자가 손에 잡은 지팡이 끝을 내밀어 고기와 무교전병에 대매 불이 반석에서 나와 고기와 무교전병을 살랐고 여호와의 사자는 떠나서 보이지 아니한지라. 기드온이 그가 여호와의 사자인 줄 알고 가로되 "슬프도소이다, 주 여호와여! 내가 여호와의 사자를 대면하여 보았나이다!" 여호와께서 그에게 이르시되 "너는 안심하라. 두려워 말라. 죽지 아니하리라" 하시니라. 기드온이 여호와를 위하여 거기서 단을 쌓고 이름을 '여호와살롬'이라 하였더라. 그것이 오늘까지 아비에셀 사람에게 속한 오브라에 있더라. 이 날 밤에 여호와께서 기드온에게 이르시되 "네 아비의 수소 곧 7년 된 둘째 수소를 취하고 네 아비에게 있는 바알의 단을 헐며 단 곁의 아세라 상을 찍고 또 이 견고한 성 위에 네 하나님 여호와를 위하여 규례대로 한 단을 쌓고 그 둘째 수소를 취하여 네가 찍은 아세라 나무로 번제를 드릴지니라." 이에 기드온이 종 열을 데리고 여호와의 말씀하신 대로 행하되 아비의 가족과 그 성읍 사람들을 두려워하므로 이 일을 감히 백주에 행하지 못하고 밤에 행하니라.

3. 하나님의 함께하심을 보여 주는 표적 (6:28-40)

성읍 사람들이 아침에 일찍이 일어나 본즉 바알의 단이 훼파되었으며 단 곁의 아세라가 찍혔고 새로 쌓은 단 위에 그 둘째 수소를 드렸는지라. 서로 물어 가로되 "이것이 누구의 소위인고?" 하고 그들이 캐어 물은 후에 가로되 "요아스의 아들 기드온이 이를 행하였도다" 하고 성읍 사람들이 요아스에게 이르되 "네 아들을 끌어내라. 그는 당연히 죽을지니 이는 바알의 단을 훼파하고 단 곁의 아세라를 찍었음이니라." 요아스가 자기를 둘러선 모든 자에게 이르되 "너희가 바알을 위하여 쟁론하느냐? 너희가 바알을 구원하겠느냐? 그를 위하여 쟁론하는 자는 이 아침에 죽음을 당하리라. 바알이 과연 신일진대 그 단을 훼파하였은즉 스스로 쟁론할 것이니라" 하니라. 그 날에 기드온을 '여룹바알'이라 하였으니 이는 그가 바알의 단을 훼파하였은즉 '바알이 더불어 쟁론할 것이라' 함이었더라. 때에 미디안 사람과 아말렉 사람과 동방 사람들이 다 모여 요단을 건너와서 이스르엘 골짜기에 진을 친지라. 여호와의 신이 기드온에게 강림하시니 기드온이 나팔을 불매 아비에셀 족속이 다 모여서 그를 좇고 기드온이 또 사자를 온 므낫세에 두루 보내매 그들도 모여서 그를 좇고 또 사자를 아셀과 스불론과 납달리에 보내매 그 무리도 올라와서 그를 영접하더라. 기드온이 하나님께 여짜오되 "주께서 이미 말씀하심같이 내 손으로 이스라엘을 구원하려 하시거든, 보소서, 내가 양털 한 뭉치를 타작마당에 두리니 이슬이 양털에만 있고 사면 땅은 마르면 주께서 이미 말씀하심같이 내 손으로 이스라엘을 구원하실 줄 내가 알겠나이다" 하였더니 그대로 된지라. 이튿날 기드온이 일찍이 일어나서 양털을 취하여 이슬을 짜니 물이 그릇에 가득하더라. 기드온이 또 하나님께 여짜오되 "주여, 내게 진노하지 마옵소서. 내가 이번만 말하리이다. 구하옵나니 나로 다시 한번 양털로 시험하게 하소서. 양털만 마르고 사면 땅에는 다 이슬이 있게 하옵소서" 하였더니 이 밤에 하나님이 그대로 행하시니 곧 양털만 마르고 사면 땅에는 다 이슬이 있었더라.

4. 기드온의 전쟁 준비 (7:1 - 14)

여룹바알이라 하는 기드온과 그를 좇은 모든 백성이 일찍이 일어나서 하롯 샘 곁에 진쳤고 미디안의 진은 그들의 북편이요 모레 산 앞 골짜기에 있었더라. 여호와께서 기드온에게 이르시되 "너를 좇은 백성이 너무 많은즉 내가 그들의 손에 미디안 사람을 붙이지 아니하리니 이는 이스라엘이 나를 거스려 자긍하기를 '내 손이 나를 구원하였다' 할까 함이니라. 이제 너는 백성의 귀에 고하여 이르기를 '누구든지 두려워서 떠는 자여든 길르앗 산에서 떠나 돌아가라' 하라" 하시니 이에 돌아간 백성이 22,000명이요 남은 자가 10,000명이었더라. 여호와께서 또 기드온에게 이르시되 "백성이 아직도 많으니 그들을 인도하여 물가로 내려가라. 거기서 내가 너를 위하여 그들을 시험하리라. 무릇 내가 누구를 가리켜 이르기를 '이가 너와 함께 가리라' 하면 그는 너와 함께 갈 것이요 내가 누구를 가리켜 이르기를 '이는 너와 함께 가지 말 것이니라' 하면 그는 가지 말 것이니라." 이에 백성을 인도하여 물가에 내려가매 여호와께서 기드온에게 이르시되 "무릇 개의 핥는 것같이 그 혀로 물을 핥는 자는 너는 따로 세우고 또 무릇 무릎을 꿇고 마시는 자도 그같이 하라" 하시더니 손으로 움켜 입에 대고 핥는 자의 수는 300명이요 그 외의 백성은 다 무릎을 꿇고 물을 마신지라. 여호와께서 기드온에게 이르시되 "내가 이 물을 핥아먹은 300명으로 너희를 구원하며 미디안 사람을 네 손에 붙이리니 남은 백성은 각각 그 처소로 돌아갈 것이니라" 하시니 이에 백성이 양식과 나팔을 손에 든지라. 기드온이 이스라엘의 모든 사람을 각각 그 장막으로 돌려보내고 그 300명은 머물러 두니라. 미디안 진은 그 아래 골짜기 가운데 있었더라. 이 밤에 여호와께서 기드온에게 이르시되 "일어나 내려가서 적진을 치라. 내가 그것을 네 손에 붙였느니라. 만일 네가 내려가기를 두려워하거든 네 부하 부라를 데리고 그

진으로 내려가서 그들의 하는 말을 들으라. 그 후에 네 손이 강하여져서
능히 내려가서 그 진을 치리라." 기드온이 이에 그 부하 부라를 데리고
군대가 있는 진가에 내려간즉 미디안 사람과 아말렉 사람과 동방의 모든
사람이 골짜기에 누웠는데 메뚜기의 중다함 같고 그 약대의 무수함이 해변의
모래가 수다함 같은지라. 기드온이 그곳에 이른즉 어떤 사람이 그 동무에게
꿈을 말하여 이르기를 "내가 한 꿈을 꾸었는데 꿈에 보리떡 한 덩어리가
미디안 진으로 굴러 들어와서 한 장막에 이르러 그것을 쳐서 무너뜨려
엎드러뜨리니 곧 쓰러지더라." 그 동무가 대답하여 가로되 "이는 다른 것이
아니라 이스라엘 사람 요아스의 아들 기드온의 칼날이라. 하나님이 미디안과
그 모든 군대를 그의 손에 붙이셨느니라" 하더라.

5. 기드온의 전쟁 (7:15 - 25)

기드온이 그 꿈과 해몽하는 말을 듣고 경배하고 이스라엘 진중에 돌아와서
이르되 "일어나라! 여호와께서 미디안 군대를 너희 손에 붙이셨느니라" 하고
300명을 세 대로 나누고 각 손에 나팔과 빈 항아리를 들리고 항아리 안에는
횃불을 감추게 하고 그들에게 이르되 "너희는 나만 보고 나의 하는 대로
하되 내가 그 진가에 이르러서 하는 대로 너희도 그리 하여 나와 나를 좇는
자가 다 나팔을 불거든 너희도 그 진 사면에서 또한 나팔을 불며 이르기를
'여호와를 위하라, 기드온을 위하라' 하라" 하니라. 기드온과 그들을 좇은
100명이 이경 초에 진가에 이른즉 번병의 체번할 때라. 나팔을 불며 손에
가졌던 항아리를 부수니라. 세 대가 나팔을 불며 항아리를 부수고 좌수에
횃불을 들고 우수에 나팔을 들어 불며 외쳐 가로되 "여호와와 기드온의
칼이여!" 하고 각기 당처에 서서 그 진을 사면으로 에워싸매 그 온 적군이

달음질하고 부르짖으며 도망하였는데 300명이 나팔을 불 때에 여호와께서 그 온 적군으로 동무끼리 칼날로 치게 하시므로 적군이 도망하여 스레라의 벧 싯다에 이르고 또 답밧에 가까운 아벨 므홀라의 경계에 이르렀으며 이스라엘 사람들은 납달리와 아셀과 므낫세에서부터 모여서 미디안 사람을 쫓았더라. 기드온이 사자를 보내어 에브라임 온 산지로 두루 행하게 하여 이르기를 내려와서 "미디안 사람을 치고 그들을 앞질러 벧 바라와 요단에 이르기까지 나루턱을 취하라" 하매 이에 에브라임 사람들이 다 모여서 벧 바라와 요단에 이르기까지 그 나루턱을 취하고 또 미디안 두 방백 오렙과 스엡을 사로잡아 오렙은 오렙 바위에서 죽이고 스엡은 스엡 포도주틀에서 죽이고 미디안 사람을 추격하고 오렙과 스엡의 머리를 가지고 요단 저편에서 기드온에게로 나아오니라.

6. 끝까지 헌신한 사람들 (8:1 - 21)

에브라임 사람들이 기드온에게 이르되 "네가 미디안과 싸우러 갈 때에 우리를 부르지 아니하였으니 우리를 이같이 대접함은 어찜이뇨?" 하고 크게 다투는지라. 기드온이 그들에게 이르되 "나의 이제 행한 일이 너희의 한 것에 비교되겠느냐? 에브라임의 끝물 포도가 아비에셀의 맏물 포도보다 낫지 아니하냐? 하나님이 미디안 방백 오렙과 스엡을 너희 손에 붙이셨으니 나의 한 일이 어찌 능히 너희의 한 것에 비교되겠느냐?" 기드온이 이 말을 하매 그들의 노가 풀리니라. 기드온과 그 좇은 자 300명이 요단에 이르러 건너고 비록 피곤하나 따르며 그가 숙곳 사람들에게 이르되 "나의 종자가 피곤하여 하니 청컨대 그들에게 떡덩이를 주라. 나는 미디안 두 왕 세바와 살문나를 따르노라." 숙곳 방백들이 가로되 "세바와 살문나의 손이 지금 어찌 네 손에 있관대 우리가 네 군대에게 떡을 주겠느냐?" 기드온이 가로되 "그러면 여호와께서 세바와 살문나를 내 손에 붙이신 후에 내가 들가시와 찔레로 너희 살을 찢으리라" 하고 거기서 브누엘에 올라가서 그들에게도 그같이 구한즉 브누엘 사람들의 대답도 숙곳 사람들의 대답과 같은지라. 기드온이 또 브누엘 사람들에게 일러 가로되 "내가 평안히 돌아올 때에 이 망대를 헐리라" 하니라. 이때에 세바와 살문나가 갈골에 있는데 동방 사람의 모든 군대 중에 칼 든 자 120,000명이 죽었고 그 남은 15,000명 가량은 그들을 좇아 거기 있더라. 적군이 안연히 있는 중에 기드온이 노바와 욕브하 동편 장막에 거한 자의 길로 올라가서 적군을 치니 세바와 살문나가 도망하는지라. 기드온이 추격하여 미디안 두 왕 세바와 살문나를 사로잡고 그 온 군대를 파하니라. 요아스의 아들 기드온이 헤레스 비탈 전장에서 돌아오다가 숙곳 사람 중 한 소년을 잡아 신문하매 숙곳 방백과 장로 77인을 그를 위하여 기록한지라. 기드온이 숙곳 사람들에게 이르러 가로되 "너희가 전에 나를 기롱하여 이르기를 '세바와 살문나의 손이 지금 어찌 네 손에 있관대 우리가 네 피곤한 사람에게 떡을 주겠느냐?' 한 그 세바와 살문나를 보라" 하고 그 성읍 장로들을 잡고 들가시와 찔레로 숙곳 사람들을 징벌하고 브누엘 망대를 헐며 그 성읍 사람들을 죽이니라. 이에 세바와 살문나에게 묻되 "너희가 다볼에서 죽인 자들은 어떠한 자이더뇨?" 대답하되 "그들이 너와 같아서 모두 왕자 같더라." 가로되 "그들은 내 형제 내 어머니의 아들이니라. 내가 여호와의 사심으로 맹세하노니 너희가 만일 그들을 살렸더면 나도 너희를 죽이지 아니하였으리라" 하고 그 장자 여델에게 이르되 "일어나 그들을 죽이라!" 하였으나 그 소년이 칼을 빼지 못하였으니 이는 아직 어려서 두려워함이었더라. 세바와 살문나가 가로되 "네가 일어나

우리를 치라. 대저 사람이 어떠하면 그 힘도 그러하니라." 기드온이 일어나서
세바와 살문나를 죽이고 그 약대 목에 꾸몄던 새 달 형상의 장식을
취하니라.

7. 기드온의 정치철학과 종교적 실패 (8:22 - 35)

때에 이스라엘 사람들이 기드온에게 이르되 "당신이 우리를 미디안의
손에서 구원하셨으니 당신과 당신의 아들과 당신의 손자가 우리를
다스리소서." 기드온이 그들에게 이르되 "내가 너희를 다스리지 아니하겠고
나의 아들도 너희를 다스리지 아니할 것이요 여호와께서 너희를
다스리시리라." 기드온이 또 그들에게 이르되 "내가 너희에게 한 일을
청구하노니 너희는 각기 탈취한 귀고리를 내게 줄지니라" 하니 그 대적은
이스마엘 사람이므로 금귀고리가 있었음이라. 무리가 대답하되 "우리가
즐거이 드리리이다" 하고 겉옷을 펴고 각기 탈취한 귀고리를 그 가운데
던지니 기드온의 청한 바 금귀고리 중수가 금 1,700세겔이요 그 외에 또 새
달 형상의 장식과 패물과 미디안 왕들의 입었던 자색 의복과 그 약대 목에
둘렀던 사슬이 있었더라. 기드온이 그 금으로 에봇 하나를 만들어서 자기의
성읍 오브라에 두었더니 온 이스라엘이 그것을 음란하게 위하므로 그것이
기드온과 그 집에 올무가 되니라. 미디안이 이스라엘 자손 앞에 복종하여
다시는 그 머리를 들지 못하였으므로 기드온 사는 날 동안 40년에 그 땅이
태평하였더라. 요아스의 아들 여룹바알이 돌아가서 자기 집에 거하였는데
기드온이 아내가 많으므로 몸에서 낳은 아들이 70인이었고 세겜에 있는
첩도 아들을 낳았으므로 그 이름을 '아비멜렉' 이라 하였더라. 요아스의 아들
기드온이 나이 많아 죽으매 아비에셀 사람의 오브라에 있는 그의 아비

요아스의 묘실에 장사하였더라. 기드온이 이미 죽으매 이스라엘 자손이 돌이켜 바알들을 음란하게 위하고 또 바알브릿을 자기들의 신으로 삼고 사면 모든 대적의 손에서 자기들을 건져 내신 여호와 자기들의 하나님을 기억지 아니하며 또 여룹바알이라 하는 기드온의 이스라엘에게 베푼 모든 은혜를 따라서 그의 집을 후대치도 아니하였더라.

8. 아비멜렉의 반란과 요담의 책망 (9:1 - 21)

여룹바알의 아들 아비멜렉이 세겜에 가서 그 어미의 형제에게 이르러 그들과 외조부의 온 가족에게 말하여 가로되 "청하노니 너희는 세겜 사람들의 귀에 말하라. 여룹바알의 아들 70인이 다 너희를 다스림과 한 사람이 너희를 다스림이 어느 것이 너희에게 나으냐? 또 나는 너희의 골육지친임을 생각하라." 그 어미의 형제들이 그를 위하여 이 모든 말을 온 세겜 사람들의 귀에 고하매 그들의 마음이 아비멜렉에게로 기울어서 말하기를 "그는 우리 형제라" 하고 바알브릿 묘에서 은 70개를 내어 그에게 주매 아비멜렉이 그것으로 방탕하고 경박한 유를 사서 자기를 좇게 하고 오브라에 있는 그 아비의 집으로 가서 여룹바알의 아들 곧 자기 형제 70인을 한 반석 위에서 죽였으되 오직 여룹바알의 말째 아들 요담은 스스로 숨었으므로 남으니라. 세겜 모든 사람과 밀로 모든 족속이 모여 가서 세겜에 있는 기둥 상수리나무 아래서 아비멜렉으로 왕을 삼으니라. 혹이 요담에게 그 일을 고하매 요담이 그리심 산 꼭대기로 가서 서서 소리를 높이 외쳐 그들에게 이르되 "세겜 사람들아, 나를 들으라. 그리하여야 하나님이 너희를 들으시리라. 하루는 나무들이 나가서 기름을 부어 왕을 삼으려 하여 감람나무에게 이르되 '너는 우리 왕이 되라' 하매 감람나무가 그들에게 이르되 '나의 기름은 하나님과 사람을 영화롭게 하나니 내가 어찌 그것을 버리고 가서 나무들 위에 요동하리요?' 한지라. 나무들이 또 무화과나무에게 이르되 '너는 와서 우리의 왕이 되라' 하매 무화과나무가 그들에게 이르되 '나의 단 것, 나의 아름다운 실과를 내가 어찌 버리고 가서 나무들 위에 요동하리요?' 한지라. 나무들이 또 포도나무에게 이르되 '너는 와서 우리의 왕이 되라' 하매 포도나무가 그들에게 이르되 '하나님과 사람을 기쁘게 하는 나의 새 술을 내가 어찌 버리고 가서 나무들 위에 요동하리요?' 한지라. 이에 모든 나무가 가시나무에게 이르되 '너는 와서 우리의 왕이 되라' 하매 가시나무가 나무들에게 이르되 '너희가 참으로 내게 기름을 부어 너희 왕을 삼겠거든 와서 내 그늘에 피하라. 그리 하지 아니하면 불이 가시나무에서 나와서 레바논의 백향목을 사를 것이니라!' 하였느니라. 이제 너희가 아비멜렉을 세워 왕을 삼았으니 너희 행한 것이 과연 진실하고 의로우냐? 이것이 여룹바알과 그 집을 선대함이냐? 이것이 그 행한 대로 그에게 보답함이냐? 우리 아버지가 전에 죽음을 무릅쓰고 너희를 위하여 싸워 미디안의 손에서 너희를 건져내었거늘 너희가 오늘날 일어나서 우리 아버지의 집을 쳐서 그 아들 70인을 한 반석 위에서 죽이고 그 여종의 아들 아비멜렉이 너희 형제가 된다고 그를 세워 세겜 사람의 왕을 삼았도다. 만일 너희가 오늘날 여룹바알과 그 집을 대접한 것이 진실과 의로움이면 너희가 아비멜렉을 인하여 즐길 것이요 아비멜렉도 너희를 인하여 즐기려니와 그렇지 아니하면 아비멜렉에게서 불이 나와서 세겜 사람들과 밀로 족속을 사를 것이요 세겜 사람들과 밀로 족속에게서도 불이 나와서 아비멜렉을 사를 것이니라!" 하고 요담이 그 형제 아비멜렉을 두려워하여 달려 도망하여 브엘로 가서 거기 거하니라.

9. 하나님의 조용한 심판 (9:22-57)

아비멜렉이 이스라엘을 다스린 지 3년에 하나님이 아비멜렉과 세겜 사람들 사이에 악한 신을 보내시매 세겜 사람들이 아비멜렉을 배반하였으니 이는 여룹바알의 아들 70인에게 행한 포학한 일을 갚되 그 형제를 죽여 피 흘린 죄를 아비멜렉과 아비멜렉의 손을 도와서 그 형제를 죽이게 한 세겜 사람에게로 돌아가게 하심이라. 세겜 사람들이 산들 꼭대기에 사람을 매복하여 아비멜렉을 엿보게 하고 무릇 그 길로 지나는 자를 다 겁탈하게 하니 혹이 그것을 아비멜렉에게 고하니라. 에벳의 아들 가알이 그 형제로 더불어 세겜에 이르니 세겜 사람들이 그를 의뢰하니라. 그들이 밭에 가서 포도를 거두어다가 밟아 짜서 연회를 배설하고 그 신당에 들어가서 먹고 마시며 아비멜렉을 저주하니 에벳의 아들 가알이 가로되 "아비멜렉은 누구며 세겜은 누구기에 우리가 아비멜렉을 섬기리요? 그가 여룹바알의 아들이 아니냐? 그 장관은 스불이 아니냐? 차라리 세겜의 아비 하몰의 후손을 섬길 것이라! 우리가 어찌 아비멜렉을 섬기리요? 아하, 이 백성이 내 수하에 있었더면 내가 아비멜렉을 제하였으리라!" 하고 아비멜렉에게 "네 군대를 더하고 나오라!"고 말하니라. 그 성읍 장관 스불이 에벳의 아들 가알의 말을 듣고 노하여 사자를 아비멜렉에게 가만히 보내어 가로되 "보소서, 에벳의 아들 가알과 그 형제가 세겜에 이르러 성읍 무리를 충동하여 당신을 대적하게 하나니 당신은 당신을 좇은 백성으로 더불어 밤에 일어나서 밭에 매복하였다가 아침 해뜰 때에 당신은 일찍이 일어나 이 성읍을 엄습하면 가알과 그를 좇은 백성이 나와서 당신을 대적하리니 당신은 기회를 보아 그들에게 행하소서." 아비멜렉과 그를 좇은 모든 백성이 밤에 일어나 네 떼로 나눠 세겜을 대하여 매복하였더니 에벳의 아들 가알이

나와서 성읍 문 입구에 설 때에 아비멜렉과 그를 좇은 백성이 매복하였던
곳에서 일어난지라. 가알이 그 백성을 보고 스불에게 이르되 "보라,
백성이 산꼭대기에서부터 내려오는도다!" 스불이 그에게 대답하되 "네가
산그림자를 사람으로 보았느니라." 가알이 다시 말하여 가로되 "보라,
백성이 밭 가운데로 좇아 내려오고 또 한 떼는 므오느님 상수리나무 길로
좇아 오는도다." 스불이 그에게 이르되 "네가 전에 말하기를 '아비멜렉이
누구관대 우리가 그를 섬기리요?' 하던 그 입이 이제 어디 있느냐? 이가
너의 업신여기던 백성이 아니냐? 청하노니 이제 나가서 그들과 싸우라!"
가알이 세겜 사람들의 앞서 나가서 아비멜렉과 싸우다가 아비멜렉에게 쫓겨
그 앞에서 도망하였고 상하여 엎드러진 자가 많아서 성문 입구까지
이르렀더라. 아비멜렉은 아루마에 거하고 스불은 가알과 그 형제를 쫓아내어
세겜에 거하지 못하게 하더니 이튿날 백성이 밭으로 나오매 혹이 그것을
아비멜렉에게 고하니라. 아비멜렉이 자기 백성을 세 떼로 나눠 밭에
매복하였더니 백성이 성에서 나오는 것을 보고 일어나서 그들을 치되
아비멜렉과 그를 좇은 떼는 앞으로 달려가서 성문 입구에 서고 그 나머지
두 떼는 밭에 있는 모든 사에게 달려들어 그들을 죽이니 아비멜렉이 그 날
종일토록 그 성을 쳐서 필경은 취하고 거기 있는 백성을 죽이며 그 성을
헐고 소금을 뿌리니라. 세겜 망대의 사람들이 이를 듣고 엘브릿 신당의
보장으로 들어갔더니 세겜 망대의 모든 사람의 모인 것이 아비멜렉에게
들리매 아비멜렉과 그를 좇은 모든 백성이 살몬 산에 오르고 아비멜렉이
손에 도끼를 들고 나뭇가지를 찍고 그것을 가져 자기 어깨에 메고 좇은
백성에게 이르되 "너희는 나의 행하는 것을 보나니 빨리 나와 같이 행하라!"
하니 모든 백성도 각각 나뭇가지를 찍어서 아비멜렉을 좇아 보장에 대어

놓고 그곳에 불을 놓으매 세겜 망대에 있는 사람들도 다 죽었으니 남녀가 대략 1,000명이었더라. 아비멜렉이 데베스에 가서 데베스를 대하여 진치고 그것을 취하였더니 성 중에 견고한 망대가 있으므로 그 성 백성의 남녀가 모두 그리로 도망하여 들어가서 문을 잠그고 망대 꼭대기로 올라간지라.

아비멜렉이 망대 앞에 이르러서 치며 망대의 문에 가까이 나아가서 그것을 불사르려 하더니 한 여인이 맷돌 윗짝을 아비멜렉의 머리 위에 내려던져 그 두골을 깨뜨리니 아비멜렉이 자기의 병기 잡은 소년을 급히 불러 그에게 이르되 "너는 칼을 빼어 나를 죽이라. 사람들이 나를 가리켜 이르기를 '그가 여인에게 죽었다' 할까 하노라." 소년이 찌르매 그가 곧 죽은지라. 이스라엘 사람들이 아비멜렉의 죽은 것을 보고 각각 자기 처소로 떠나갔더라.

아비멜렉이 그 형제 70인을 죽여 자기 아비에게 행한 악을 하나님이 이같이 갚으셨고 또 세겜 사람들의 모든 악을 하나님이 그들의 머리에 갚으셨으니 여룹바알의 아들 요담의 저주가 그들에게 응하니라.

믿음의 글들

NO.	제 목	저 자	NO.	제 목	저 자
1	낮은 데로 임하소서	이청준	47	기도해 보시지 않을래요?	미우라 아야꼬/김갑수
2	재를 남길 수 없습니다	김 훈	48	십자가의 증인들	임영천
3	사랑의 벗을 찾습니다	최창성	49	이들을 보소서	이재철
4	그분이 홀로서 가듯	구 상	50	새롭게 하소서 ② (전2권)	고은아 엮음
5	당신의 날개로 날으리라	D.C. 윌슨/정철하	51	거지들의 잔치	도날드 비쎌리/송용필
6	새벽을 깨우리로다	김진홍	52	내 경우의 삼청교육	임석근
7	사랑이여 빛일레라	구상·김동리 외	53	목사님, 대답해 주세요	박종순
8	나 여기에 있나이다 주여	박두진	54	위대한 신앙의 사람들	제임스 로슨/김동순
9	침 묵	엔도 슈사꾸/공문혜	55	두번째의 사형선고	김 훈
10	새롭게 하소서 ①	기독교 방송국	56	구약의 길잡이	자끄 뮈쎄/심재율
11	생명의 전화 (절판)	생명의 전화 편	57	신약의 길잡이	자끄 뮈쎄/심재율
12	울어라 사랑하는 조국이여	앨런 페이튼/최승자	58	이상구 박사의 복음과 건강	이상구
13	제2의 엑소더스	신시아 프리만/이종관	59	이 민족을 주소서	한국기독여성문인회
14	기탄잘리 (절판)	R. 타고르/박희진	60	믿음의 육아일기	나연숙
15	성녀 줄리아	모리 노리꼬/김갑수	61	전도, 하면 된다	박종순
16	마음의 마음	김남조	62	영혼의 기도	이재철
17	이제와 우리 죽을 때에	김남조	63	주 예수 나의 당신이여	이인숙
18	위대한 몰락	엔도 슈사꾸/김갑수	64	뒷골목의 전도사	김성일
19	예수의 생애	엔도 슈사꾸/김광림	65	내 집을 채우라	김인득
20	그리스도의 탄생	엔도 슈사꾸/김광림	66	보니파시오의 회심 ①	권오석
21	너희에게 이르노니 (절판)	B.S.라즈니쉬/김석환	67	보니파시오의 회심 ② (전2권)	권오석
22	땅끝에서 오다	김성일	68	빛을 위한 콘체르토	신상언
23	당신은 원숭이 자손인가	김석길	69	빛을 위한 콘체르토 ② (전2권)	신상언
24	세계를 변화시킨 13인	H.S. 비제베노/백도기	70	사랑은 죽음같이 강하고	김성일
25	어디까지니이까? (절판)	김 훈	71	너 하나님의 사람아 ①	서대운
26	주여 알게 하소서 (절판)	테니슨/이세순	72	너 하나님의 사람아 ② (전2권)	서대운
27	고통의 하나님	필립 얀시/안정혜	73	속, 빛을 마셔라	김유정
28	각설이 예수	이천우	74	구원에 이르는 신음	신혜원
29	라브리	에디드 셰퍼/박정관	75	엄마, 난 하나님의 선물이에요	이건숙
30	땅끝으로 가다	김성일	76	홍수 以後 ①	김성일
31	광야의 식탁 ①	오성춘	77	홍수 以後 ②	김성일
32	광야의 식탁 ② (전2권)	오성춘	78	홍수 以後 ③	김성일
33	어머니는 바보야	윤 기·윤문지	79	홍수 以後 ④ (전4권)	김성일
34	벌거벗은 임금님 (절판)	백도기	80	히말라야의 눈꽃 ―썬다 싱의 생애	이기반
35	여자의 일생	엔도 슈사꾸/공문혜	81	여섯째 날 오후	정연희
36	이 땅에 묻히리라	전택부	82	주부편지 ①	한국기독여성문인회
37	말씀의 징검다리	정장복·김수중	83	하나님을 사랑한다는 것은	찰스 콜슨/안정혜
38	해령(海嶺) 上	미우라 아야꼬/김혜강	84	거듭나기 ①	찰스 콜슨/이진성
39	해령(海嶺) 下 (전2권)	미우라 아야꼬/김혜강	85	거듭나기 ② (전2권)	찰스 콜슨/이진성
40	우찌무라 간조 회심기 (개정판)	우찌무라 간조/양혜원	86	이 때를 위함이 아닌지	임영수
41	지금은 사랑할 때	엔도 슈사꾸/김자림	87	가정, 그 선한 싸움의 현장	이근호
42	두려움을 떨치고	애블린 해년/박정관	88	땅끝의 시계탑	김성일
43	빛을 마셔라	김유정	89	땅끝의 시계탑 ② (전2권)	김성일
44	제국과 천국 上	김성일	90	하나님 하나님, 사랑의 하나님	이상구
45	제국과 천국 下 (전2권)	김성일	91	손바닥만한 신앙수필	김호식
46	천사의 앨범	하마다 사끼/김갑수	92	부부의 십계명	전택부·윤경남

NO.	제 목	저 자	NO.	제 목	저 자
93	저녁이 되며 아침이 되니	정연희	139	미팅 지저스 (절판)	마커스 보그/구자명
94	임영수 목사의 나누고 싶은 이야기	임영수	140	내 인생, 내 마음대로 할 수 있나요	김석태
95	사해(死海)의 언저리	엔도 슈사꾸/김자림	141	마음의 야상곡	엔도 슈사꾸/정기현
96	다가오는 소리	김성일	142	예수의 道	이기반
97	질그릇 속의 보화	낸시 죠지/ 김애진	143	청정한 빛	서중석
98	그 그을음 없는 화촉의 밤에	이혜자	144	사랑은 스스로 지치지 않는다	샤를르 롱삭/정미애
99	주부편지 ②	한국기독여성문인회	145	빛으로 땅끝까지 ①	김성일
100	「믿음의 글들」, 나의 고백	이재철	146	빛으로 땅끝까지 ② (전2권)	김성일
101	양화진	정연희	147	평양에서 서울까지 47년	김선혁
102	무엇을 믿으며 어떻게 살 것인가	임영수	148	예수에 관한 12가지 질문	마이클 그린/유선명
103	실존적 확신을 위하여	구 상	149	내 잔이 넘치나이다	정연희
104	맹집사 이야기	맹천수	150	천사 이야기	빌리 그레이엄/편집부
105	무거운 새	김광주	151	도사님, 목사님	김해경
106	성탄절 아이	멜빈 브래/손은경	152	이것이 교회다	찰스 콜슨/ 김애진 외
107	삶, 그리고 성령	임영수	153	현대인에게도 하나님이 필요한가	해롤드 쿠시너/유선명
108	왜, 일하지 않는가	찰스 콜슨 · 잭 에커드/김애진	154	배신자	스탠 텔친/김은경
109	겸손의 송가	문홍누	155	잊혀진 사람들의 마을 (절판)	김요석
110	김수진 목사의 일본 개신교회사	김수진	156	사이비종교	위고 슈탑/송순섭
111	산 것이 없어진다	이재왕	157	하나님이 고치지 못할 사람은 없다	박효진
112	기독교 성지순례와 역사	박용우	158	열린 예배 실습보고서	에드 답슨/박혜영 · 김효영
113	주여, 사탄의 왕관을 벗었나이다	김해경	159	죽음, 가장 큰 선물	헨리 나웬/홍석현
114	꼴찌의 간증	이건숙	160	우리는 낯선 땅을 밟는다	김호열
115	노년학을 배웁시다	윤경남	161	나의 세계관 뒤집기	성인경
116	일터에 사랑	토니 캄폴로/이승희	162	행동하는 사랑, 해비타트	밀라드 풀러/김선형
117	시인의 고향	박두진	163	아브라함 ①	김성일
118	사도일기	나연숙	164	아브라함 ② (전2권)	김성일
119	믿는 까닭이 무엇이냐	임영수	165	회복의 목회	이재철
120	내게 오직 하나 사랑이 있다면	전근호	166	아가(雅歌)-부부의 성에 관한 솔로몬의 시해	소셉 딜로우/김성혜 · 김응교
121	땅끝의 십자가 ①	김성일	167	대천덕 자서전-개척자의 길	대천덕/양혜원
122	땅끝의 십자가 ② (전2권)	김성일	168	예수원 이야기-광야에 마련된 식탁	현재인/양혜원
123	가정의 뜻, 금혼잔치 베품의 뜻	전택부	169	희망의 문	장 바니에/김은경
124	너의 남자를 진정으로 사랑하려면	란다 딜로우/양은순	170	친구에게-우정으로 양육하는 편지	유진 피터슨/양혜원
125	사랑은 언제나 오래 참고	김성일 신앙간증집 ②	171	회복의 신앙	이재철
126	썬글라스를 끼고 나타난 여자	조연경 꽁트집	172	사랑의 조국은 하나다	박세록
127	회개하소서, 십자가의 원수된 교회여	허 성	173	열흘 동안 배우는 주기도문 학교	임영수
128	남자의 성(性), 그 감추어진 이야기	아취볼드 디 하트/유선명	174	성령의 능력으로 사역하라	펠 브래드포드 통 · 더글러스 맥퍼
129	새신자반	이재철	175	시편으로 드리는 매일 기도	유진 피터슨/이철민
130	아바 ①	정문영 전작장편소설	176	스크루테이프의 편지	C. S. 루이스/김선형
131	아바 ② (전2권)	정문영 전작장편소설	177	청년아, 울더라도 뿌려야 한다	이재철
132	즐거운 아프리카 양철교회	파벨칙/추태화	178	책읽기를 통한 치유	이영애
133	공중의 학은 알고 있다 ①	김성일 전작장편소설	179	아름다운 빈손 한경직	김수진
134	공중의 학은 알고 있다 ② (전2권)	김성일 전작장편소설	180	거룩한 십대, 거룩한 십대	유진 피터슨/양혜원
135	이 또한 나의 생긴 대로	김유심	181	성경, 흐름을 잡아라	존 팀머/박혜영 · 이석열
136	들의 꽃 공중의 새	이기반	182	복음서로 드리는 매일기도	유진 피터슨/이종태
137	아이에게 배우는 아빠 (개정판)	이재철	183	정말 쉽고 재미있는 평신도 신학 1	송인규
138	공짜는 없다	정구영	184	정말 쉽고 재미있는 평신도 신학 2	송인규

(다음 면에 계속)

NO.	제 목	저 자	NO.	제 목	저 자
185	순전한 기독교	C. S. 루이스/장경철·이종태	231		
186	2주 동안 배우는 사도신경 학교	임영수	232		
187	이기적인 돼지, 라브리에 가다	수잔 맥콜리/김종철·박진숙	233		
188	영적으로 뒤집어 읽는 베드타임 스토리	크리스 패브리/박경옥	234		
189	고통의 문제	C. S. 루이스/이종태	235		
190	성령을 아는 지식	J. I. 패커/홍종락	236		
191	참으로 신실하게	이재철	237		
192			238		
193			239		
194			240		
195			241		
196			242		
197			243		
198			244		
199			245		
200			246		
201			247		
202			248		
203			249		
204			250		
205			251		
206			252		
207			253		
208			254		
209			255		
210			256		
211			257		
212			258		
213			259		
214			260		
215			261		
216			262		
217			263		
218			264		
219			265		
220			266		
221			267		
222			268		
223			269		
224			270		
225			271		
226			272		
227			273		
228			274		
229			275		
230			276		

목회와 설교

NO.	제 목	저 자	NO.	제 목	저 자
	설 교 집			요한과 더불어—여섯 번째 산책 (요13–15장)	이재철
	하나님의 형상, 사람의 모습 (창1–3장)	김서택		요한과 더불어—일곱 번째 산책 (요16–17장)	이재철
	대홍수, 그리고 무지개 언약 (창4–11장)	김서택		요한과 더불어—여덟 번째 산책 (요18–19장)	이재철
	약속의 땅에도 기근은 오는가 (창12–17장)	김서택		요한과 더불어—아홉 번째 산책 (요20장)	이재철
	불의한 시대를 사는 의인들 (창18–21장)	김서택		요한과 더불어—열 번째 산책 (요21장)	이재철
	죽음의 한계를 넘어선 신앙 (창22–25장)	김서택		요한과 더불어 에센스 ⑩, ⑨, ⑧	이재철
	팥죽 한 그릇의 거래 (창25–28장)	김서택			
	천사와 씨름한 사람 (창29–32장)	김서택		2002 예배와 설교 핸드북	정장복
	꿈을 가진 자의 연단 (창33–39장)	김서택			
	은잔의 테스트 (창40–44장)	김서택			
	열두 아들이 받은 축복 (창45–50장)	김서택			
	위대한 부흥의 불꽃, 이스라엘의 사사들 1	김서택			
	위대한 부흥의 불꽃, 이스라엘의 사사들 2	김서택			
	위대한 부흥의 불꽃, 이스라엘의 사사들 3	김서택			
	위대한 부흥의 불꽃, 이스라엘의 사사들 4	김서택			
	설 교 론				
	건축술로서의 강해설교	김서택			
	강해설교의 기초	김서택			
	하나님의 불붙는 사랑 (호세아/전2권)	김서택			
	가시 같은 이웃 (오바댜)	김서택